假如要有月 學習單

學習單設計的原則與實例

林玫伶◎著　蔡靜江◎圖

【推薦序】◎蘇蘭 語文教育工作者、專欄作家

一場閱讀盛宴
——愛書創作者的導讀智慧

連玫伶校長都說：「學習單在閱讀活動裡其實是很小的『伎倆』！」有趣的是，很多數的老師喜歡用學習單，但也有更多數的學生討厭學習單。問題在哪裡？

1. 老師設計的學習單不夠多元，反而像「小張的考卷」，學生必須寫個不停。
2. 老師使用學習單的態度過於草率，以為學習單填好、改好，就等於閱讀完成。

針對上面兩個問題，這本書做了一些回應與處理：

1. 學習單要能「促進學習」，因此在設計上要掌握「閱讀目標」，層次上要能「促進理解」，方式上要「多元活潑」。
2. 學習單不宜單獨使用，因此在每一份學習單後，都有設計的理念與導讀的方式，提醒老師正確的使用之道。

您我共同的疑惑，有了這番釋疑的放心開場，我們就可安心的盡情享受作者為我們張羅的這場閱讀盛宴：用精挑細選的營養食材——「風格多樣、一時之選的童話、詩歌、散文、繪本、少年小說五類作品」；佐以各類適合的美味調味料——「抓住不同類型文章的不同特色」；秀出作者五顆星大廚的烹飪技術——「提供有見地的解讀、有方法的剖析、有成效的深度閱讀路徑」；最後端出一道道色香味俱全的佳肴。全書讓人驚豔一名愛書的創作者，處處展現有實務經驗的導讀智慧。

在童話的天空：提供讀者無垠的想像空間；天馬行空的創意居

間流動、價值觀也建築成立。

在小說的部分：學習人物的刻畫、掌握獲得的知識與資訊、培養解決問題的能力。

在詩歌的世界：經歷「觀察→體驗→想像→斟酌修辭」的體驗學習歷程；兒歌有趣的猜謎，允許有標準答案之外、更多的思考揣測……

在散文的篇章：舉詩人向陽的《記得茶香滿山野》點化「視覺」、「聽覺」、「味覺」、「嗅覺」、「觸覺」五官描寫事物的軌跡；以〈草地之歌〉說明作者桂文亞如何取材、建立主題、將文章「結構化」的過程；玫伶自作的《我家開戲院》為古典三幕劇「鳳頭」、「豬肚」、「豹尾」範本；用大家耳熟能詳的朱自清〈背影〉帶出採訪實務學習。

在繪本的段落：以朱里安諾繪圖的《一片披薩一塊錢》為例，提醒用色的表現；以《十二生肖的故事》為例，找出文字沒說的地方；以《挖土機年年作響》為例，比較圖與圖之間的差異性；用《讓路給小鴨子》「發聲」，欣賞書裡的聲音；《蝴蝶與大雁》則呈現動人的一幕。

要說服讀者，介紹有趣的閱讀方式固然重要，能推薦引以為例的書更重要；而童話、詩歌、散文、繪本、少年小說五篇後貼心附上的「本節小叮嚀」，親子共讀或師生同步學習時最受用，像「要建議的是，不管設計怎樣的學習單，都不要忘了先吟誦，因為詩歌光用看的，大概只能體會五成的美；反覆吟詠之間，常常能幫助我們進入詩歌的世界。」便是朗讀與朗誦教學出身的我，深有共鳴的提醒。

再進一步說，不只是詩歌，所有好文章一定都能琅琅上口，不信，玫伶的文字，您讀讀看……

【推薦序】◎廖文斌

台北市國小推動兒童深耕閱讀計畫總召集、新湖國小校長

閱讀教學，又添良方

　　「閱讀是新一代知識革命」，它是開啟知識寶庫的鑰匙。一個喜好閱讀的孩子通常具有邏輯清晰、思慮順暢的特性，較能有系統的思考，是以無論兩岸三地，甚且連新加坡，都相當重視學童閱讀能力之培養。

　　台北市政府前教育局長吳清基博士曾表示：「教育做得好，閱讀不可少。推動終身學習，應從小養成閱讀習慣。」因此自92年起推動國小深耕閱讀，至今已邁入第二個四年計畫。本人承命擔任深耕閱讀推動工作的總召集，和工作小組的成員積極推廣，一方面希望透過市長親自導讀提倡、各項競賽、推廣、觀摩等活動，蔚為風氣；一方面也希望透過研究發展，尋求有效的閱讀推動及教學策略。其中，研究發展組就以林玫伶校長為召集，最近兩年她完成了《台北市國民小學推展深耕閱讀成果彙編》（民92－95），把台北市第一個四年計畫推動閱讀的運作軌跡有系統的做了整理，對於檢討過去、策勵未來，具有重要的價值；此外，林校長也主持完成台北市中、高年級學童「閱讀興趣不足及閱讀偏食情形研究」，對於閱讀教學現場的了解有一定的掌握，也對未來推動方向提出具體的建議。可以說，林校長在深耕閱讀的領域煞費苦心，投入甚多，也成為各方請益的對象及重要的閱讀推手。

　　回到學校推動閱讀的現場。

　　常常為老師大量運用的，莫過於閱讀教學時所仰仗的學習單：好的學習單能導引學生，提供可依循的思路，和文本閱讀發揮相得益彰、事半功倍的學習效果；然而，設計不良的學習單，卻常迫使學生流於抄寫、停留在低層次的填白，或是抓不到重點。更嚴重的是老師對學習單的誤用，以為學習單完成，閱讀也跟著完成。學習單的「設計不良」和「運用不當」，造成大多數學童即使喜愛閱讀，但只要談到學習單就眉頭深鎖，本是愛之卻足以害之，居於第一線的老師必須引以為鑑，並盡快謀求解決之道。

　　林校長顯然看到了師生這樣的困擾，根據她多年來的教學經驗和研究背景，著手出版《假如要有學習單：學習單設計的原則與實例》，整本書共分五大篇，分別是「適合繪本的學習單」、「適合詩歌的學習單」、「適合童話的學習單」、「適合散文的學習單」和「適合少年小說的學習單」。其編次以文學類別區分，其撰寫和閱讀目標緊扣，而其用意似乎在談學習單，卻透過導引、舉例、觀察、體會、想一想……等方式「學習」，遠遠超過學習單的扁平設計，直指學習單的使用方法絕不只是「寫完」而已！

　　這本書讓我們看到了，能激發學童擴大閱讀的向度、能幫助學生讀出文章的深度與美感，這樣的學習單才能真正「幫助學習」。值此出版之際，對林校長為深耕閱讀之用心，深致敬意；更為閱讀教學增添良方，深表慶幸，特為之序。

【自序】◎林玫伶

學習單之為數，小數也……

推動閱讀不一定非得學習單！

不要懷疑，你沒有看錯。雖然這是一本以「學習單」為「賣點」的書，我還是要強調：「推動閱讀不一定非得學習單！」

我曾經在2007年主持一項調查研究，發現台北市中、高年級各班閱讀困難學生之所以對閱讀興趣缺缺，有高達72.65％的比例是因為「不喜歡閱讀伴隨而來的紙筆作業，包括心得報告、學習單等」！

這個發現提醒所有的閱讀推動者要正視「學習單」的問題，包括學習單的設計、使用方式、頻率與時機。

究竟學習單是什麼時候「登堂入室」的呢？依我的印象，大約是1998年教育部推動「小班教學精神」的時候。不知道為什麼，從那時候起，學習單有如雨後春筍般的在校園大量出現。數量多到當時有人在報上為文戲稱，如果在西門町撿到一張紙，那麼它「八成是學習單！」

我想，學習單一定有足夠的魅力，才能讓老師那麼喜歡使用。如果要列出學習單的好處，我可以找出10點：（1）幫助學生有結構的學習；（2）提示學習的方向與重點；（3）幫助學生兜攏注意力；（4）為了完成學習單，學生較投入學習活動；（5）每個學生

的學習都均等；（6）落實形成性評量；（7）產出作業易於評量；
（8）方便作為學習檔案；（9）方便家長了解孩子平時學習狀況；
（10）某種情況下可代替教案。

　　學習單好處這麼多，難怪老師樂此不疲，一張又一張如雪片般
的出爐。

　　然而，教學現場卻也出現了一些問題，容我也列出10點：
（1）有的學習單只不過是縮小版的考卷。
（2）設計的層次停留在低階的「標準答案題」。
（3）制式化的學習單，學生看了就膩。
（4）每張學習單都要寫字，學生看了就煩。
（5）只要求學生完成學習單，沒有導讀，遑論討論。
（6）忽略學習單以外的學習。
（7）老師不讀文本，過度仰賴別人設計的學習單，自己也缺乏感
　　　動。
（8）學生不讀文本，片段的從書中找出答案，把學習單完成，交
　　　差了事。
（9）一書一單，倒盡孩子閱讀的胃口。
（10）陷於「學習單越多，老師越認真，學生成績越好」的迷思。

　　老師愛用常用學習單，但副作用也不少，這本書就在這樣的考
慮下誕生了。

　　書裡共舉了43本書的例子，示範了44份學習單，由於每種文類都有其獨特的閱讀功能，因此本書以「繪本」、「童話」、「詩歌」、「散文」、「少年小說」區分章節（當然，有些設計原則也可以通用，但我認為該文類的基本特質應優先加以掌握）。

　　每一份學習單的設計都扣住閱讀教學的目標，切入角度力求多元活潑，形式上包括著色、繪圖、連連看、迷宮、摘要、調查、訪問、角色扮演、模擬、對照、內外部比較、觀察、朗讀、仿作、編導、吟唱、猜謎、問答、查資料、結構表、心智圖……等，除了考慮讀者的身心發展外，也避免流於紙筆抄寫，試圖結合閱讀策略，讓學習單變得更可愛，能真正扮演「促進學習」的功能。

　　學習單更非憑空出現，每一份學習單都會說明紙本的導讀重點、設計原由、運用方式，我認為這比學習單本身更重要。學習單是「扁平的」，配合體驗、互動、討論，才能將閱讀教學「立體化」；反之，如果老師只是發下書和學習單，要求學生看完書、完成學習單，不但窄化閱讀學習，扼殺閱讀興趣，更間接促使學生發展出一套「應付策略」，實在得不償失（大多時候，我認為書和學習單不要同時發給孩子，才不會限制孩子的思考）。

　　此外，針對不同年齡的孩子，設計時也有所考慮。每份學習單上頭有動物標示：**青蛙圖**代表適合低年級；**魚圖**代表適合中年級；**海豚圖**代表適合高年級。

　　有人形容學習單是「必要之惡」，我倒不這樣認為。第一，它

並不必要；第二，就算使用它也不惡。我個人是「學習單的愛用者」，但我也敬佩不使用、或少使用學習單的人。

　　行文至此，我突然想起《孟子‧告子》篇上的一句話：「弈之為數，小數也；不專心致志，則不得也。」也許，我可以剽竊這段話為此書下一個注解：「學習單之為數，小數也；不用心設計，則不得也。」

學習單圖示之適用對象：

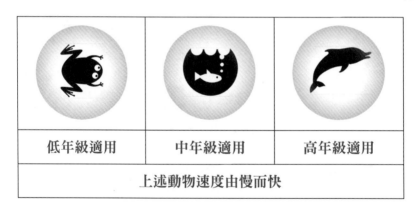

低年級適用	中年級適用	高年級適用
上述動物速度由慢而快		

※感謝文建會、林良先生、林煥彰老師、謝武彰老師、林世仁老師、牧也老師、洪志明老師與顏福南老師，慨然應允幼獅公司得以刊載其作品。
※感謝三之三、遠流、小兵、小魯、大好書屋、虫二、民生報、先覺、台灣東方、和英、格林文化、唐山、飛寶、國語日報等出版同業，友誼相挺，同意幼獅公司使用該社封面圖。

【目錄】

2　【推薦序】一場閱讀盛宴── 愛書創作者的導讀智慧◎蘇蘭

4　【推薦序】閱讀教學，又添良方◎廖文斌

6　【自序】學習單之為數，小數也……◎林玫伶

適合繪本的學習單

16　注意用色的表現

25　找出文字沒說的地方

32　比較圖與圖之間

42　欣賞書裡的聲音

53　呈現動人的一幕

61　本節小叮嚀

適合童話的學習單

66　汲取童話的內涵

74　鼓勵批判的態度

85　享受改編的樂趣

95　發揮無限的創意

99　本節小叮嚀

適合 詩 歌 的學習單

104　尋找創意的身影

114　提煉詩歌的美感

120　傾聽詩歌的音樂

126　感受詩歌的留白

133　學習詩歌的語言

139　本節小叮嚀

適合 散 文 的學習單

144　建立明確的主題

152　學習對世界的關心

159　學習寫作的技巧

170　體會散文的境界

175　本節小叮嚀

適合 少 年 小 說 的學習單

180　確認小說的主題

190　掌握人物的刻畫

200　學習解決問題的能力

208　獲得知識與資訊

217　本節小叮嚀

適合繪本的
學習單

「繪本」是日本的用語，
「繪本」其實就是「圖畫書」（picture book）。

繪本以圖為主，以文為輔，
有時候甚至連文字都沒有。
在繪本裡，
圖畫是用來說故事的，
用來引導文字的想像空間，
圖畫常常表現「不能言傳，只能意會」的部分，
耐人尋味。

繪本用一組連續的圖畫說一個連續的故事，
圖畫本身是連貫的，
所以繪本不是插畫書（illustration book），
繪本就是繪本！

注意用色的表現

　　繪本裡的圖畫在用色上多半有所考究，欣賞繪本的同時，不能忽略其中圖畫的顏色。

　　以朱里安諾繪圖的《一片披薩一塊錢》為例，這本書敘述一隻最會做披薩的熊阿比，和一隻最會做蛋糕的鱷魚阿寶，牠們本來是一對要好的鄰居，你請我吃蛋糕，我請你吃披薩，快活極了。可是有一天倆人做起發財夢，阿比決定一片披薩要賣一塊錢；阿寶的蛋糕也用錢買，兩個好朋友做起生意，衍生出一連串有趣又溫馨的故事。

　　為了表達這本書「分享」、「友誼」的主題，並烘托出故事裡披薩及蛋糕「天下第一味」的美味，畫者採用柔和、溫暖、和煦的色調，讓人看了不僅想吃，也被兩隻動物溫暖的情誼包得暖暖的。

因此，我們可以這樣設計學習單：

書名：一片披薩一塊錢
文：郝廣才
圖：朱里安諾
出版社：格林文化

◎先把書藏起來，回想一下，這是一本＿＿＿＿＿色的書。

◎拿出色筆著色：

（此圖多用黃色系列著色）

（此圖多用藍色系列著色）

◎說說看，這兩個蛋糕帶給你什麼樣的感覺？

◎打開故事書找找看：

　　1.哪一頁讓你覺得東西特別好吃？

　　2.哪一頁讓你覺得阿比和阿寶感情特別好？

　　3.哪一頁讓你覺得氣氛冷冰冰的？

◎和同學討論，為什麼會有這些感覺？

　　在這張學習單裡，第一個問題是希望孩子能說出對這本書用色的「第一印象」，無庸置疑的，由於整本書洋溢著金黃的溫暖，孩子們很容易回答出「黃色」、「橘色」、「橙色」或「金黃色」的答案。

　　第二個題目提供了兩幅一模一樣的蛋糕著色圖，希望孩子分別用「黃色」及「藍色」系列加以著色，以便對比暖色系和寒色系所帶給人不同的感受。（金黃色是不是特別容易讓你聯想到好吃的蛋塔、塗上醬料的烤雞、香噴噴的烤番薯……）

　　第三個題目則回到故事書本身，要孩子重新翻閱，找出讓人覺得「特別好吃」、「感情特別好」及「氣氛冷冰冰」的頁面，並且希望師長能帶領同學分組討論，試圖歸納這些感覺除了與文字有關以外，與畫者的用色也有很大的關係。

　　當然，這些感覺是主觀的，也可能有部分孩子不以為然或是有其他觀點，師長應予以尊重，並鼓勵彼此傾聽不同的意見。

再舉一例。

相對於《一片披薩一塊錢》而言，《爺爺有沒有穿西裝？》一書則顯得憂傷、沉重。這是一本描述「死亡」的書，「死亡」的議題在童書中向來不好處理，太露骨，怕嚇著孩子；太隱諱，又怕孩子無法理解其中想要表達的議題。而《爺爺有沒有穿西裝？》這本書，處理的手法讓人覺得哀傷而不消沉，直接但不露骨，是談論死亡難得的好作品。

就用色上來說，本書亦有可觀之處。如果《一片披薩一塊錢》是一本「金黃色」的書，那麼《爺爺有沒有穿西裝？》則是一本「土棕色」的書。

整本書暗沉的土棕色風格，和爺爺的棺木、親友黯淡的送葬服裝相互呼應，讓人看了怎麼也開心不起來。然而，在整本書沉甸甸的厚重主色中，我們還注意到裡頭有另一個不會被忽略的顏色，那就是「紅色」。

紅色，洋溢著青春，充滿著熱情，和象徵死亡的土棕色似乎格格不入，這種道理，畫者不會不知，因此，這樣的用

色安排應該有其深意。

　　從故事的發展中，我們也可以找到線索——米琪阿姨生了小寶寶，「大尿布裡，伸出兩隻穿了**紅鞋**的小腳」；形容小寶寶有一張「滿是皺紋、**紅通通**的臉」。

　　哦！原來我們可以這樣大膽假設，作者在陰鬱的棕色裡仍然努力放進一些紅色，是希望在談論「死」的同時，也讓大家不要忘了「生」的希望。

　　紅色雖少，在本書的地位卻舉足輕重，我們可以設計這樣的學習單：

書名：爺爺有沒有穿西裝？
文：艾蜜麗‧弗利德
圖：傑基‧格萊希
譯：張莉莉
出版社：格林文化

◎在這本書裡，哪一種顏色用得最多？為什麼？

◎找找看，這本書裡，哪裡有紅色？

哪裡有紅色？	猜猜看，這些紅色想表達什麼意思？
布魯諾的頭髮	布魯諾還小，可能是「紅毛小子」，或是代表有活力。
小狗的項圈	小狗活蹦亂跳。

　　透過這份學習單，孩子看到了原本可能視而不見的東西，更透過合理的想像，賦予紅色一些詮釋（雖然不一定是原繪者的本意），這樣的閱讀經驗當然是開放的、自由的、愉悅的。尤其當孩子發現爺爺的墳地上不久後開滿了**小紅花**，還有剛出生的小寶寶有喜氣洋洋的**紅鞋、紅臉**，活蹦亂跳的小狗戴著**紅項圈**。我想，他應該能隱約體會繪者想表達「生死循環」的自然定律吧！親友死亡固然令人不捨，但萬事萬物仍然生生不息的運作著，這也是「萬『棕』叢中一點紅」的圖畫給我們最大的啟示。

找出文字沒說的地方

　　繪本以圖為主，以文為輔，表示文字只說了一部分的故事，「圖畫」才是真正的「說書人」。

　　圖畫怎麼「說」故事呢？這要靠師長幫助孩子，否則孩子只是淅哩呼嚕的把文字看完，不能算讀了一本「繪本」。

　　以《十二生肖的故事》為例，這個故事大家已經耳熟能詳了，但不同的繪者卻賦予同樣的故事不同的生命，關鍵在「圖」。

　　例如同樣是「玉皇大帝通知土地公發布選拔十二生肖比賽的消息」，繪者賴馬卻將玉皇大帝的配備升級到「科技」版，祂可以透過按鈕選單通知正在洗澡的土地公，並且透過視訊系統交代任務。

　　當比賽消息公布時，繪者用跨版的畫面表現大家從四面八方前來看告示的熱鬧情景，讀者以俯視的角度細細觀賞圖面，會發現裡頭藏了許多繪者刻意表現的趣味，包括：右下

角房間裡有位老母親正在孩子背上刺字（岳飛在此？）、左下角有個笨蛋拿著長竹竿，橫著豎著都進不了城門（記得這個故事吧！），還有左上角在路旁畫畫的人，竟是繪者自己（他畫的是一隻噴火龍，正是繪者的代表作）……。

　　再者，參賽者之一的龍先生因為先趕去南海主持下雨典禮，因而遲了一些，名次落後。繪者在表現這場下雨典禮的圖中，也展現了十足的幽默感。

　　針對此書，我們可以這樣設計學習單：

書名：十二生肖的故事
文、圖：賴馬
出版社：和英

◎選拔十二生肖是玉皇大帝的點子，祂指派土地公負責這項工作：

1.玉皇大帝怎樣通知土地公？

_____

2.土地公接獲通知時，正在做什麼？

_____

3.對照書中的圖，用自己的話說一說「玉皇大帝呼叫土地公」的故事。

_____

◎土地公把十二生肖選拔賽的公告張貼在最熱鬧的市集：

1.後來進入十二生肖名單的動物們在市集的哪裡？指出來。

_____

2.除了這十二隻動物外，也請你找出其他十二種不同的動物。

_____

3.這幅熱鬧的圖畫裡「畫中有話」，還夾藏著其他故事，你找到哪些呢？

你會說
這些故事嗎？

岳母為岳飛刺精忠報國的故事

◎龍因為先到南海主持下雨典禮，比賽遲到了。不過牠主持的下雨典禮可壯觀的很呢！看圖說說看：

1.敲鑼打鼓的天兵負責什麼任務？

製造雷聲

2.拿旗子的天兵呢？

3.天兵怎樣製造閃電？

4.天兵怎樣製造雨？

　　再以《噗小弟》為例，故事敘述一個愛放屁的小男孩，他放屁不挑時間，不看場合，有屁就放，常常造成別人的困擾。比如他在牙醫診所、在畫廊、在咖啡廳、在姊姊的玩具屋裡放屁，讓身邊的家人又尷尬又生氣！但故事也「揭發」許多大人掩蓋放屁事實的「手法」，讓許多讀者看了會心一笑。

　　為了表現臭屁實在難聞，繪者把難聞的感覺藏在圖畫裡，學習單就可以帶領孩子去尋找藏在畫裡的祕密：

書名：噗小弟
文、圖：大衛‧羅伯茲
譯：鳳梨頭
出版社：大好書屋

臭屁真難聞。

噗小弟老是放臭屁，看圖說說看，在他周圍的人表情是怎樣的？

◎選出3個你認為最有趣的表情，畫下來。

（　　　　）的表情
（　　　　）的表情
（　　　　）的表情

除了「人」的表情以外，還可以注意其他「東西」的「表情」哦！

　　透過學習單的帶領，孩子享受了閱讀文字以外的樂趣，也體驗了「發現」的樂趣，這樣的體會將讓孩子讀起繪本來興致盎然。

比較圖與圖之間

　　有些繪本會出現相似的圖，而這組相似圖常常另有深意。引導學生比較，進而體會繪者的用心，是讀繪本不可忽略的。

　　茲以《挖土機年年作響》為例。這是一本「無字書」，除了圖的背面有加注畫當幅圖的日期外，整本書找不到半個字，真是一本名副其實的「繪本」。然而，這也是一本「無言的控訴」，隨著日期的遞進，同一個地方也在慢慢改變。一幅幅的圖畫代表當地環境幾近「不可逆」的逝去，無言，比大聲抗議還令人沉痛。

　　為了引導孩子仔細傾聽畫裡一草一木的聲音，我們設計
了這樣的學習單：

書名：挖土機年年作響：
　　　　鄉村變了
圖：約克‧米勒
出版社：和英

◎找出第一張和第二張圖，查查看，畫家是什麼時候畫的？

第一張：西元_____年_____月畫的。

第二張：西元_____年_____月畫的。

兩張圖前後差了幾年？

◎以小組為單位，找出兩張圖10個不同的地方。

1.中間的房屋四周加蓋了圍牆

2.

3.

4.

5.

6.

7.

8.

9.

10.

◎再找出第一張和第三張的圖，用手指指看，又有哪裡不同了？

◎找出第七張圖，想一想，這張圖有可能再變回第一張圖嗎？分組討論。

有可能，
只要……

不可能，
因為……

　　在這本書裡，第一張圖到第二張圖，經過三年（每幅圖的背面都有注明繪圖時的年月日），改變還不大，孩子必須仔細比對，才能找出其中差異（此書沒有裝訂，一頁一頁採散裝方式，因此很容易拿兩圖起來比較）；也因為改變不大，一般人並不覺得這樣的改變有什麼不妥，比如教堂要修建，合理；小河修成水溝，應該；房屋四周加蓋圍牆，防小偷嘛！由於比對兩圖找出差異，對孩子來說是種趣味，因此進行這樣的活動是孩子相當樂意的。

　　同樣的方式也可以用在第二、三張圖，第三、四張圖……，但一成不變的活動也容易降低學習的邊際效益，因此，這份學習單接下來設計的是「用手指指看」，不再「寫出」差異，而是用手「指出」差異。

　　其中最令人驚駭的，莫過於最後一張圖（第七張）和第一張圖的比較，若不是逐張演進，任誰也無法相信這兩張圖指的是同一個地方。因此，最後一個問題再問孩子：「第七張圖有可能變回第一張圖嗎？」七個三年過去了，人們留下什麼給這塊土地？藉此讓孩子思索重要的環境課題。

　　類似《挖土機年年作響》這樣的「全圖書」並不多，但一般的繪本偶爾也會出現異曲同工之妙，就像《凱琪的包裹》！

　　《凱琪的包裹》是一本教人感動的繪本，裡頭訴說一個真實的故事（真實版是大人間的通信，繪本則改成兩家的女孩通信）：二次世界大戰後，荷蘭殘破不堪，人民飢寒交迫，無以維生，有時只能靠著鬱金香球根充飢，令人不忍。透過慈善機構的引導，一些來自美國的物資就這樣寄到了荷蘭，其中蘿西的那一份就寄進了凱琪的家。

　　兩個女孩就這樣魚雁往返，捐助的規模也從只是「一家對一家」變成「一社區對一社區」。當嚴寒的冬天過去，凱琪家人順利活下來之後，美國的蘿西收到來自荷蘭的包裹──一箱鬱金香球根！故事也在這裡戛然畫下句點！

　　如果閱讀繪本到此結束，其實讀者也已經享受到此書想要傳遞的溫馨，值回票價了。但細心的讀者會發現，其實故事還沒說完，故事的開始比我們以為的還要早，故事的結束

也比我們以為的還要晚！

　　怎麼說呢？翻開書的蝴蝶頁，一張跨頁的社區圖，角落注明著「一九四五年五月的美國印地安納州曼菲爾市」，這樣的圖畫安排其實不太會引起我們的注意，大多數人都迫不及待的想趕緊進入「本文」。

　　故事結束了，封底的蝴蝶頁再度出現同樣的圖，角落注明著「一九四七年五月的美國印地安納州曼菲爾市」，這樣的圖畫安排其實也很容易被我們忽略，以為只是用來「美化」書籍罷了。殊不知，同樣的兩張圖，時序已有不同（相隔了兩年），景色也有一些改變——這下子，您應該看出裡頭的微妙了吧！原來，前圖只是單純的社區圖，兩年後的圖則在社區開遍了鬱金香，其中深意已不言而喻。

書名：凱琪的包裹
文：坎達絲・弗萊明
圖：史黛西・崔森・麥昆
譯：劉清彥
出版社：台灣東方

翻開書的蝴蝶頁（封面和封底內側都有蝴蝶頁）。

◎仔細觀察，哪些地方相同？哪些地方不同？

我的疑問：

什麼是「蝴蝶頁」？

小博士說：

> 　　當我們打開書籍看到的第一頁，跟封面黏在一起，就是蝴蝶頁。除了封面內側以外，封底內側也有。它是把一張紙摺成兩半，一半貼在封面，一半貼在封底，看起來就像蝴蝶的翅膀。
>
> 　　蝴蝶頁本來目的是要讓封面跟書籍內頁之間黏得更牢固，通常都是空白的。但是許多繪本會送給讀者一個活潑、生動的蝴蝶頁呢！

相同的地方	
不同的地方	

◎後面的蝴蝶頁為什麼會變得和前面的不一樣呢？

說說你的理由！

因為結尾增加這樣的引導，為閱讀這本書創造出最大的價值，我認為有「額外賺到」的喜悅。而這種喜悅，需要來自對繪本敏銳觀察的能力！

欣賞書裡的聲音

　　除非「有聲書」，否則不論是文字或圖畫，理論上是沒有聲音的。但繪本因為有圖畫的「加持」，加上文字量通常不多，許多作者在文字上會「字字計較」，因此常常為故事書創作出有聲的感覺，帶給讀者不一樣的體驗。

　　你相信《讓路給小鴨子》這本書會「發聲」嗎？這本老而彌堅的書，在我的同事——音樂老師蘇郁然的「慧眼」加「慧耳」下，聲音躍然紙上，蘇老師這樣設計：

書名：讓路給小鴨子
文、圖：羅勃・麥羅斯基
譯：畢璞
出版社：國語日報

◎請問這本書裡，哪一頁最「吵」？

_____

你聽到哪些聲音？和同學一起把它演出來！

　　蘇老師的問題，讓已經號稱「看完」此書的我們頓時「破功」，因為我們都沒注意到故事書哪裡會吵！大家從頭再翻一次書，很快的，不約而同找到同一頁——這頁的圖面畫著小鴨子正要通過車水馬龍的十字路口，前頭的汽車駕駛緊踩煞車ㄍㄧ……，後方來車ㄅㄚ　ㄅㄚ　ㄅㄨ　ㄅㄨ的按起喇叭，把從沒「見過世面」的小鴨子們嚇得ㄒㄧㄚˊ　ㄒㄧㄚˊ叫成一團，最後鴨媽媽和眾小鴨都不禁慌亂起來，忍不住ㄍㄨㄚ　ㄍㄨㄚ　ㄐㄧㄡ　ㄐㄧㄡ的大叫。

　　好問題帶給讀者新的思維，重新再看《讓路給小鴨子》，看的卻像一場聲色俱佳的感人電影——雖然書還是那一本書。

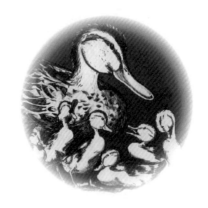

　　《讓路給小鴨子》是圖在發聲，更多繪本是文字扮演發聲的角色，例如《是誰嗯嗯在我的頭上？》。

　　一隻小鼴鼠從地洞剛鑽出來，就中了「大樂透」──一團「黃金」從天而降，不偏不倚的掉在牠的頭上。小鼴鼠可不甘心，牠頂著唯一的證據──這坨大便，到處去找「肇事者」。

　　小鼴鼠每遇到一隻動物，開頭就問：「是你嗯嗯在我的頭上嗎？」被質疑的動物也都是同樣的回答：「不是，我的嗯嗯是這樣的。」接著，就當場拉一坨以示證明。

　　小鼴鼠接二連三的問，動物們也接二連三的答。同樣的問，加上同樣的答，無意中製造了一種語言上聲韻的樂趣：

　　「是不是你嗯嗯在我的頭上？」

　　「不是，我的嗯嗯是這樣的……」

　　「是不是你嗯嗯在我的頭上？」

　　「不是，我的嗯嗯是這樣的……」

　　……

　　這種反覆的用語對低幼兒來說是相當逗趣的（不只因為

內容跟嗯嗯有關），它代表情節可以被預期，低幼兒藉著這樣的語言來建構理解這個龐大複雜的世界。因此我們可以這樣設計學習單：

書名：是誰嗯嗯在我的頭上？
文：維爾納‧霍爾茨瓦爾斯
圖：沃爾夫‧埃爾布魯赫
譯者：方素珍
出版社：三之三

和同學一起表演這個故事。

◎**決定演員：**

鼴鼠——（　　　）飾演

鴿子——（　　　）飾演

馬——（　　　）飾演

野兔——（　　　）飾演

自由選一種動物，是書上沒有的：

（　　　）——（　　　）飾演

◎**準備道具：**

鼴鼠頭上的大便

鴿子、馬、野兔和自選動物的大便若干

◎**表演開始：**

鼴鼠：（頂著一坨大便）是不是你嗯嗯在我的頭上？

鴿子：不是，我的嗯嗯是這樣的……

　　　（鴿子拉出大便，證明跟鼴鼠頭上的那一坨不同。）

鼴鼠：（繼續往前走，遇見馬）是不是你嗯嗯在我的頭
　　　上？

馬：不是，我的嗯嗯是這樣的⋯⋯

　　　（馬拉出大便，證明跟鼴鼠頭上的那一坨不同。）

鼴鼠：（繼續往前走，遇見野兔）是不是你嗯嗯在我的頭
　　　上？

野兔：不是，我的嗯嗯是這樣的⋯⋯

　　　（野兔拉出大便，證明跟鼴鼠頭上的那一坨不
　　　同。）

鼴鼠：（繼續往前走，遇見【　　】）是不是你嗯嗯在我
　　　的頭上？

【　　】：不是，我的嗯嗯是這樣的⋯⋯

（【　　】拉出大便，證明跟鼴鼠頭上的那一坨不同。）

這份學習單藉由表演的方式，讓孩子反覆運用書上的對話語言，除了演出故事裡其中三種角色外，最後也讓孩子自選一種動物，套用原有語言演出。當然，孩子必須事先查清楚自選動物的大便長得怎麼樣，才能有後續的對談與表演；不過，簡單的疊句讓演出者輕鬆上手，也可以讓孩子說得不亦樂乎。

還有一種聲音，光用看的看不出來，非得「念」它兩下，才知道繪本作者的用意。請看《大腳丫跳芭蕾》：

故事敘述一個愛跳芭蕾的女孩，只因為她有一雙大腳丫，就被選拔會的評審打了回票，這個女孩只得放棄跳舞，到餐廳上班。即使如此，她跳舞的才華仍然無法埋沒，因為有樂團到餐廳演出，女孩聽了音樂自然舞動起來，後來竟成了這家餐廳的招牌特色，最後還應邀到劇院演出，圓了她的舞蹈夢！

雖然故事最終以喜劇收場，但一開始因無聊的因素而拒絕女孩的三位評審，在故事譯者（或是原作者）的「修理」

下，分別取名為：「賈莊董男爵三世」、「紐約評論家喬治·根畢崇」、「歐娜·勞烏柏女士」，光看字面還以為是什麼達官貴人，但「念」出來就令人忍不住發噱！

書名：大腳丫跳芭蕾
文、圖：艾美·楊
譯：柯倩華
出版社：台灣東方

◎芭蕾舞選拔會的評審有三人，他們的名字很有趣，請你念
念看。

1.賈莊董男爵三世→讀起來好像是：＿＿＿＿＿＿＿＿＿＿

2.喬治‧根畢崇→讀起來好像是：＿＿＿＿＿＿＿＿＿＿＿

3.歐娜‧勞烏柏→讀起來好像是：＿＿＿＿＿＿＿＿＿＿＿

> 猜猜看，為什麼
> 這本書的翻譯要取
> 這樣的名字呢？

◎如果還有第四位評審，你要幫他取什麼名字？

第四位評審的名字：＿＿＿＿＿＿＿＿＿＿＿＿＿＿＿

→讀起來好像是：　＿＿＿＿＿＿＿＿＿＿＿＿＿＿＿

◎如果第四位評審是位有眼光，會鼓勵人的評審，你又要幫
他取什麼名字呢？

重新取的名字：＿＿＿＿＿＿＿＿＿＿＿＿＿＿＿＿＿

→讀起來好像是：　＿＿＿＿＿＿＿＿＿＿＿＿＿＿＿

　　取綽號罵人，嗯，這可是一大解放，孩子當然樂了。不過，要如何引導孩子學習譯者「戲而不虐」、「搞笑而不下流」的罵，可有得討論呢！千萬別縱容學生寫些不能登大雅之堂的東西哦！

呈現動人的一幕

　　繪本因為文圖並茂，閱讀時在視覺上是很享受的，某些頁面更是「直指我心」，教人動容。如果遇到這樣的繪本，師長有義務帶領學童為它駐留眼光，駐留心神！

　　例如《蝴蝶和大雁》這本書，描述兩個完全不同屬性的動物──毛毛蟲與小雁子，牠們因為萍水相逢，彼此留下好印象，成為一對好朋友。只是牠們遇到成長的變化，毛毛蟲需要蛻變，小雁子也會長大。一段時間後，兩者雖然情誼依舊，卻已不認得對方，一直到無意中說出自己的名字，兩隻動物才又驚又喜的再度「重逢」。

　　這是一本淡而有味的故事，沒有高潮迭起的情節，卻有著雋永和煦的溫暖。尤其當冬天即將到來時，牠們決定「到南方去過冬」，最後一頁畫著蝴蝶和大雁在空中飛舞的姿態，下頭的文字只有簡潔的一行：「兩個一起去！」

　　「兩個一起去！」這句話流露出多麼堅定的情誼，要走

一起走，要去一起去，如果這樣的畫面會觸動您的心弦，它就是好的欣賞題材。

雖然只是一幅簡單不過的畫面，我們可以為它這樣設計學習單：

書名：蝴蝶和大雁
文、圖：荷莉・凱勒
譯：林良
出版社：台灣東方

◎「池塘邊的樹，葉子變成紅色，轉成金黃。」書中這句
　話，代表秋天來了，天氣即將變冷。飛飛麗娜和馬賽兒於
　是決定到南方過冬。

　1.書的最後一頁畫了兩個好朋友在藍天上飛翔的樣子。說
　　說看，誰在前？誰在後？

　2.誰飛得快？誰飛得慢？誰飛在前？誰飛在後？為什麼？

　3.你在圖中還發現了什麼？

4.南方好遠。猜猜看，飛行途中遇到下列狀況，這對好朋友會怎麼做？

(1)蝴蝶飛不動了。

_____

(2)天黑了。

_____

(3)下雨了。

_____

(4)遇到危險的事，如有人朝牠們丟石頭。

_____

在這份學習單裡，我們企圖讓孩子在一片舒服的藍之中，欣賞兩隻動物的互動姿態。畫面中，蝴蝶在前頭翩翩飛舞，大雁在後頭緊緊相隨，想必，這對好朋友的心情是優閒的，不趕路的；甚至，大雁是體貼的，不讓「腳程」慢的蝴蝶在後苦苦追趕……，這一切，不僅可以讀出畫中的弦外之音，更重要的，是讀到畫中流瀉的那份感動！

另一本談蝴蝶的書，是以「自然繪本」的型態出現──《無尾鳳蝶的生日》，精緻寫實的描繪鳳蝶的成長以及人與蝶之間的互動。這本書肩負著「認識鳳蝶」、「愛護鳳蝶」的閱讀任務，表現上不同於一般繪本擬人化的童話手法，但感動卻一點也不少。

故事敘述一個女孩家裡陽台種滿了植物，雖在都市裡，卻吸引了不少小動物的造訪，女孩擁有一雙善於觀察的眼睛，她能分辨不同的蝴蝶，也相當留意鳳蝶寶寶在不同階段成長的情形，後來為了安全起見，女孩「收養」了牠，並且把蝶蛹帶到學校和同學一起見證蝴蝶羽化的時刻！

　　熱愛自然怎麼教？關懷生命怎麼教？這本書沒有說教，但希望孩子們「用心觀察環境」的企圖心則極其旺盛，每個頁面以寫實的畫面讓我們看到身旁細微的徵兆，也容易讓讀者「一頁一感動」。

　　有別於前一本《蝴蝶和大雁》的學習單特別挑出一頁單獨討論，本書也可以不預設範圍，由孩子選出他的感動！

　　這樣的學習單設計是開放的：

書名：無尾鳳蝶的生日
文：凌拂
圖：黃崑謀
出版社：遠流

◎故事裡，哪幾頁最讓你感動？為什麼？

（選出你最感動的兩頁和大家分享吧！）

第幾頁？	感動的理由
30～31頁	課上到一半，蝶蛹裂開小縫，準備要羽化了。雖然迸裂的聲音小到根本聽不見，但是小女孩因為很關心牠，所以立刻注意到蝶蛹的變化，真是用心。

◎聽聽其他同學的分享，有沒有跟你不同的看法呢？

　　比較《蝴蝶和大雁》和《無尾鳳蝶的生日》兩書學習單的設計，前者選定範圍，後者不設限，各有其引導上的好處。當然，師長若是要改變學習單的設計方式也無妨，例如前者改成不設限，後者則選定全班同學簇擁著指尖上的鳳蝶，看著牠飛向天際的那一頁（或其他圖），加以深入設計學習單。這些均視師長實際引導時的學習目標而定哦！

本節　　　　小叮嚀

　　許多人認為自己沒有美勞背景，缺乏藝術細胞，因而不太敢去碰繪本中「圖」的部分，認為這些應該交給美勞老師去處理，以免因為自己的學養不足，把學生「教壞了」。

　　事實上，這樣的顧忌真是多慮了。誠如郝廣才在其《好繪本，如何好》一書中所言：「就像看電影，觀眾未必了解導演的技術和手法，但好看還是難看？能不能引起共鳴和感動？觀眾自己的感覺可是明顯的。」

　　我們當然應該努力充實這方面的鑑賞能力，這種能力的高低，當然也影響我們對繪本的詮釋是否深刻得宜，也會讓我們「知其然」，更「知其所以然」；但對一本繪本的感受不必等到我們「學業有成」，每個人都可以順從自己的感覺，把閱讀時的想法勇敢的說出來！

　　只要想法不武斷，說法不牽強，也不矯飾情感，就算「一書各表」，也有其正面的意義。

適合童話的學習單

「童話」可說是兒童文學領域裡最重要的文類，
兒童文學若是一座花園，
「童話」就是最璀璨的玫瑰花。

在童話世界裡，
沒有什麼是不可能的。
超時空、超自然的奇幻特色，
提供兒童無垠的想像空間；
會說話的動物、植物、精靈、仙子、巫婆、巨人等，
陪伴兒童進入繽紛有趣的奇異世界。

此外，
童話世界善惡分明，
更是幫助兒童建立價值觀的最佳題材。

汲取童話的內涵

　　童話的內容雖然是超現實、超自然的，但基本上仍透過荒誕想像的故事情節，傳遞善良的本質與高度的美感。從這個角度來看，閱讀童話可說有兩大功能，其一是讓孩子的情感得到慰藉與昇華，其二是讓孩子的理性得到反省與淬鍊；前者是感性的，後者是理性的。林良先生說，童話幫助讀者對萬物有真正的「同情與了解」；只有在童話裡，才有真正的「善」！我認為也指出了童話感性與理性兼具的功能。

　　設計學習單時，可朝這兩個方向加以著墨：

書名：醜小鴨
文：安徒生
譯：任溶溶
出版社：民生報

故事裡，醜小鴨變天鵝的過程吃了很多苦，也遇到很多難關。每一道關卡都是考驗，請你順著醜小鴨的路走一遍，看一看，如果過不了關，醜小鴨會怎樣？

摘自林玫伶著《童話可以這樣看》第184頁（幼獅）

　　閱讀醜小鴨的故事，首先是希望孩子認同醜小鴨，和醜小鴨一起體會從被排擠、欺負、嘲笑，到熬過接二連三的苦難，最後蛻變成美麗天鵝的歷程。學習單就在表現這樣的企圖，利用簡單的迷宮遊戲，一邊替醜小鴨過關，一邊討論如果無法過關，又會有怎樣的下場？從當中感受醜小鴨成長的艱辛，感受成長所付出的代價。

　　從感性的角度來看，可憐的醜小鴨終成天鵝，可以帶給孩子無限的安慰，撫平挫折帶來的的憂傷；從理性的角度來看，醜小鴨不屈服的個性、堅持活下去的意志，可以幫助孩子重新省思，建立正確的價值觀。

....

　　再舉一例。

書名：平底鍋爺爺
文：神澤利子
譯：小路
出版社：台灣東方

　　故事的主角是平底鍋爺爺，自從媽媽買新鍋子以後，平底鍋爺爺不能再煎荷包蛋了，他因此決定到外面的世界看看。平底鍋爺爺到過叢林、沙漠、海洋，途中受到驚嚇，也幫助過其他動物，最後因為又黑、柄又彎了，變得很虛弱，他的願望只希望能到像荷包蛋似的太陽身邊。被他幫助過的小鳥發現後，合力把平底鍋爺爺抬到樹上，變成小鳥們的窩。

　　這個故事有一個中心的主旨：凸顯平底鍋爺爺勇於冒險、勇於學習新事物的精神。我們可以透過「內部比較」，幫助孩子體會前後的差異，藉以感受平底鍋爺爺的勇氣。

◎比較旅行前後平底鍋爺爺有什麼不同？

	旅行前	旅行後
外表	舊舊的	柄彎了，身上又黑又髒
用途	煎荷包蛋	
服務對象		
知道的事		

在「內部比較」的過程中，等於幫助孩子做了一次重點整理。孩子發現旅行前的平底鍋爺爺不論「用途」、「服務對象」、「知道的事」，格局都不大，見識也有限；但經過旅行的洗禮，儘管外表被折騰得又黑又髒，甚至奄奄一息，但能做的事變多了，服務對象變大了，知道的事情也變廣了。在理性的層面上，達到了建議讀者「行萬里路」的功效；在感性的層面上，也能為平底鍋爺爺的委屈終得釋放感到安慰。

從童話的內涵汲取養分，並且設計成學習單並不難，因為每一則童話幾乎都有它強調的主旨，只要順著它的主旨去設計就可以了。下面表列幾個常見的例子，幫助師長找出童話的主旨：

童話故事	主旨
青蛙王子	守信
灰姑娘	善良的人有好報
模仿貓	自我肯定
小木偶	不要說謊，願意犧牲
國王的新衣	不要好大喜功、拍馬屁
綠池的白鵝	友誼

鼓勵批判的態度

　　上一小節強調學習單可以順著童話的主旨，闡揚故事中標舉的優美德行；這一小節則強調從不同的角度解讀童話，特別是經典的童話！

　　我曾在《童話可以這樣看》及《換個角度看童話》兩本書中提醒讀者：童話創作一方面反映了時代現象，另一方面時代背景也會成為童話創作的限制。尤其18、19世紀流傳至今的經典童話，不同的故事間卻常常表現「單一的觀點」，且「反覆出現」；加上經典童話「家喻戶曉」，其影響力更是不容小覷。因此，我們在指導孩子閱讀童話時，批判的態度是必須具備的。

　　以〈傑克與魔豆〉的童話故事為例，家境貧窮的傑克無意中得到了神奇的魔豆，可以順著豆莖爬到天上——巨人的家。他在巨人家第一次偷了金幣，回到家以後，隔一段時間又上去偷，第二次得到了會下金雞蛋的母雞；第三次想偷金

豎琴時，驚動了巨人，在追逐的過程中，巨人跌落地上摔死了。

這個故事有很高的娛樂性，傑克在千鈞一髮之際逃離死亡的魔掌，情節驚心動魄，充滿冒險的懸疑與刺激。相信孩子閱讀時，必能在生死追逐的情節中享受無比的樂趣。

然而，這個故事也引起許多人的質疑：傑克根本是個小偷，偷一次不夠，還一而再，再而三的登堂入室偷竊。可見他擁有金幣以後，並沒有加以珍惜，或是做點小生意改善家庭生活，沒錢了就偷，是個貪得無厭的小孩。同時，傑克也是個忘恩負義的人，巨人的太太幫助他藏匿，以免被吃掉，傑克最後卻以害死她先生回報這位太太。巨人在事件中更為無辜，他在天上生活得好好的，沒有招誰惹誰，最後卻以摔死收場。

這樣的故事在第一時間固然以娛樂性吸引孩子胃口，但事後的討論卻更為重要，我設計了以下的學習單，並收錄於《換個角度看童話》這本書中：

書名：換個角度看童話
文：林玫伶
出版社：幼獅

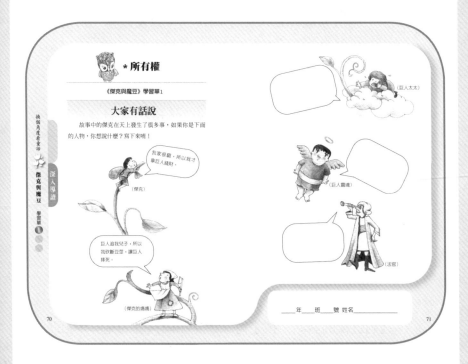

這份學習單是以「角色扮演」的方式，幫助孩子釐清故事的盲點。孩子分飾不同的人，包括傑克、傑克的媽媽、巨人太太、巨人靈魂（巨人死了以後），以及法官（因為這是一樁命案），接著讓孩子站在各自的立場陳述對此事的看法，例如：

傑克可能會振振有詞的說：「我家很窮，才會拿巨人的錢財。」

傑克的媽媽可能會說：「巨人追我兒子，我怕兒子被殺死，只好砍斷豆莖，摔死巨人。」

巨人太太可能說：「我好心收留你，你為什麼偷我家的錢，還害死我先生？」

……

透過這樣的對話，孩子可以聽見不同角度的見解，幫助孩子從一隅之見拉高視野，從純娛樂性的閱讀升格到批判思考的位階。

當然，可能有些師長會問：「為什麼會寫出這樣的故事給孩子看呢？」回到本小節一開始所說的，我認為「時代背

景」是一個重要的因素。作者Joseph　Jacobs在1890年出版了《英格蘭童話故事集》，其中〈傑克與魔豆〉就收錄在其中。當時社會受到工業革命的影響，一方面生產力提高，人們的物質生活更為豐富；另一方面勞資的矛盾也因應而生，勞動階級（包括童工）受到嚴重的掠奪和壓迫。我們可以合理推測，作者在創作這樣的故事時，受到時代背景的影響，有意無意的以傑克象徵被壓迫者，以巨人象徵剝削者，為當時可憐的孩童或勞工階層出一口怨氣。只不過歷經一、兩百年之後，這樣的「伸張正義」似乎已不符合現今的法治觀點，因而需要重新檢視其中的價值觀。

涉及兩性的童話故事也有可討論之處。以〈灰姑娘〉為例，我在學習單上一連拋出幾個「怪怪的」問題：

書名：童話可以這樣看
文：林玫伶
出版社：幼獅

◎小朋友，下面這些話對不對？如果你覺得怪怪的，把你

「怪怪的感覺」說給大家聽！

□繼母都會欺負「舊媽媽」的孩子。

□繼母的孩子也會欺負「舊媽媽」的孩子。

□爸爸一天到晚在外面忙，家裡發生什麼事當然不知道。

□受了委屈，要盡量忍耐，才是好孩子。

□嫁給國王的兒子是全世界最幸福的事。

□男生要娶，就要娶最美麗的女孩。

□大腳丫的女孩都不是漂亮的女孩。

摘自林玫伶著幼獅出版《童話可以這樣看》第38頁

　　這張學習單不是用來「寫」的，而是用來「討論」的。事實上，以上這些「價值命題」都犯了「武斷」的毛病，但每一項價值觀都接二連三的在經典童話中反覆出現。師長們若想知道這些價值觀對我們的影響，在討論之前，不妨讓孩子（也讓自己）先自行檢視這些命題對不對，你會發現狀況還「滿嚴重」的。

　　〈灰姑娘〉是一則「麻雀變鳳凰」的故事，故事中的繼母和繼母的女兒都相當自私，使喚灰姑娘從不手軟。這樣的「繼母形象」東西方皆有，而且相當鮮明，包括西方的〈白雪公主〉、〈糖果屋〉、〈天鵝王子〉以及東方的「舜」、「閔子騫」的故事，都把繼母描繪得無情又殘忍。

　　繼母虐待孩子的情節在平均壽命低、生活困苦的大環境裡，是非常有可能的（早期台灣許多連續劇也有類似的苦兒、苦女情節），繼母在資源有限的情況下，維護親生孩子的生存權，對先生前妻留下的孩子不友善，似乎也不得不然，只是童話把這樣的情節誇大罷了。但到了生活條件提高、經濟較為富裕的年代，好的繼父、繼母時有所聞，「壞

繼母情節」實在不宜成為童話故事的「唯一選項」。

　　此外，童話故事裡的父親角色常常相當模糊，上述幾則代表性的童話裡，父親對家務事幾乎不聞不問，任由繼母對孩子百般欺凌，這在強調「新好男人」的世代裡，也有可議之處。

　　其次，童話故事強調孩子受了委屈要盡量隱忍苦楚，才是美好的德行；現在兒童人權受到重視，孩子這樣的作法不但危險，也極為不智。

　　灰姑娘的故事結局和所有的經典童話一樣，都和白馬王子過著「幸福快樂的日子」。不過他們的婚姻也相當冒險：王子只因對晚會裡的灰姑娘驚為天人，在一無所知的情況下，就決定娶她為妻；灰姑娘也不知道王子人品、性格如何，只因他是「王子」，就認為此樁婚姻必定幸福。這樣的邏輯在經典童話裡處處可見，似乎也不應過度強調。

　　最後，童話世界裡的女主角經常弱不禁風，像灰姑娘有一雙小腳丫、白雪公主被腰帶隨便一勒就昏死，和現在婦女能獨當一面的形象大相逕庭。

「為什麼童話問題這麼多？」

事實上，民間傳說和童話故事，往往反映了當時社會的情況。在封建社會裡，貧富差距大，生活困苦，平民若能娶到公主或是嫁給王子，變成一種渴望。婦女沒有受教權，擁有美貌及三從四德就是社會對婦女的期待。討論童話時，我們不應「以今非古」，也不宜過度苛責當時的作品，但若能對童話賦予時代的意義，重新檢視其價值，則孩子與大人都會有很大的收穫。

享受改編的樂趣

改編故事通常有兩種原因，一是出於不滿意，一是因為太滿意。

「不滿意」之說從何談起？例如傳統童話總是「英雄救美」，為何不能來個「美救英雄」？故事中的女主角總是美麗溫柔，難道「不美麗不溫柔」的女人就不能當主角嗎？再說故事的結局總是「王子與公主從此過著幸福快樂的日子」，誰說公主非得嫁給王子呢？不嫁王子或不結婚也是一種選擇啊！

在這種「不滿」的前提下，許多作家改寫了童話故事，提供讀者不一樣的價值觀，《紙袋公主》就是一例：

書名：紙袋公主
文：羅伯特・繆斯克
譯：蔡欣坪
出版社：遠流

◎比一比，《紙袋公主》和《白雪公主》有什麼相同和不相同的地方？

	紙袋公主	白雪公主
故事的主角是誰？	雷諾王子和依莉莎公主	白馬王子和白雪公主
誰遇難了？	雷諾王子	
誰救了誰？		
王子欣賞公主什麼地方？		
故事的結局是什麼？		

◎說說看，如果你是雷諾王子，你會喜歡紙袋公主嗎？為什麼？

◎如果你是紙袋公主，你會嫁給雷諾王子嗎？為什麼？

　　《紙袋公主》的故事顛覆了公主與王子的傳統童話，對於兩性關係也提供了重新思索的方向。

　　故事中男、女主角本來也要照傳統劇本演出，未料來了一隻噴火龍，擄走了王子（不是公主），公主不顧危險打算去救未婚夫（救人的不是王子），但公主華麗的衣服都被噴火龍毀了，只好套上紙袋前去營救（沒有華服，不再是美女）。

　　營救的過程採用「裝傻」、「智取」的策略（沒有拿劍，沒有暴力，善用女性特質？），順利救出王子後，王子並不領情，反而責怪公主打扮不得體，公主呢？這下也根本不想嫁給王子了（不按劇本演出，書裡還用公主手舞足蹈、迎向陽光的插圖表現公主的「如釋重負」）。

　　這份學習單採用「外部比較」的方式呈現，把兩則不同的童話加以對比，藉以突出故事表現的主題。類似這種「顛覆童話」越來越多見，大多表現在對傳統價值的省思，不但能讓讀者深思，也能享受故事改編的樂趣。

除了因不滿而改編童話以外，「太滿意」也是改編的動力。這類的改編倒像個「遊戲」，作者在原有的童話架構下，盡情發揮想像力，創造出童話的綺麗面貌。

書名：11個小紅帽
文：林世仁
出版社：民生報

《11個小紅帽》以十九世紀德國格林兄弟改寫的《小紅帽》故事為基調（格林兄弟也是改寫先前的故事呢），目的在提醒兒童要聽父母的話，不要和陌生人接近。

這些經典童話歷經一、兩百年的淬鍊，大多具備良好的體質，孩子只需局部更動，就可以產生新的故事，有助於發揮創意，建立成就感。

改編故事並非漫無章法，故事通常具備下列元素，可以指導孩子擇其一二加以改變：

1.主角（含增減角色、改變角色個性）

2.背景（含改變時間、改變空間、改變故事起始的原因）

3.事件發展與結果（含增刪情節、錯置情節、顛倒情節）

4.結局（含相同、相異、相反的結局）

以《11個小紅帽》為例，作者在10篇改編的故事裡，分別做了這樣的改變：

改編想法	改變的元素
1.如果小紅帽戴的不是小紅帽？	主角──改變主角的個性
2.如果是各種動物代替大野狼的角色？	主角──增減角色
3.奶奶在大野狼的肚子裡做了什麼事？	事件發展與結果──增加情節
4.如果小紅帽走錯故事，跑到三隻小豬、青蛙王子的故事裡？	背景──改變時空
5.如果大野狼先吃掉小紅帽？	事件發展與結果──錯置情節
6.如果小紅帽想養小野狼當寵物？	事件發展與結果──增加並顛覆情節
7.如果小紅帽有爸爸？	主角──增加角色
8.如果大野狼變好人，獵人變成壞人？	主角──改變主角的個性
9.如果小紅帽變成男生？	主角──改變主角的個性（性別）
10.如果小紅帽的奶奶不住森林，住在城市？	背景──改變時空

據此，我們可以這樣設計學習單：

◎原來的角色：小紅帽、媽媽、大野狼、外婆、獵人。

◎我設計的角色：

我設計的角色	角色介紹
例：小黃帽	小紅帽的妹妹，很機伶，想找三隻小豬一起來對付大野狼。

◎情節大綱：

　　1.故事發生的時間：

　　2.故事發生的地點：

　　3.故事一開始發生了什麼事：

　　4.故事如何發展：

　　5.故事結局：

　　學生可以分組設計改編的故事，討論過程中將因各種有趣的點子被激發出來而笑聲連連。例如大野狼本來是可惡的，改編後的大野狼可以變成吃素的、被小紅帽欺負的，或是花樣更多的。原版的奶奶被野狼吃了，改編後的奶奶可以不被吃下去，或是被吃下去以後，在大野狼的肚裡作怪。獵人本來結局才出現，改編後的獵人說不定可以當小紅帽的保鑣呢！

　　當然，討論出來的新故事可以「寫」出來，也可以分組「演」出來哦！

發揮無限的創意

．．．．．．．．．．．．．．．．．．．．．．．．．．．

　　許多學者指出童話最重要的特徵就是「幻想」，在幻想的世界裡，超自然、非自然、非真實的人事物都可能發生，於是「童話世界」似乎也暗示「不可能存在的世界」，然而隨著科技的進步，原本童話世界裡的不可能也漸漸變成可能。

　　「嫦娥奔月」的傳說，已經被阿波羅11號實現；現在的視訊、手機，簡直就像媽祖的護駕將軍「千里眼」、「順風耳」；公主沉睡一百年才甦醒，利用冷凍技術讓這樣的童話成真，未來並非不可能……。

　　雖然童話荒誕神奇，例如《愛麗絲夢遊仙境》裡能讓小女孩忽大忽小；《小木偶奇遇記》能讓木頭玩具變成真的小孩；《西遊記》的角色能飛天遁地……，但它們反映了人們的渴望與期待，這股渴望與期待正是引領我們進步的原動力。

　　因此，我們可以舉辦「拍賣」大會，讓孩子體會童話設計的趣味，並試著運用在日常生活中。學習單設計如下，且先做一示範：

◎**拍賣物品名稱：**〈傑克與魔豆〉裡的魔豆3顆。

◎**拍賣價格：**1顆100元，3顆290元。

◎**物品用途與特色：**只要一天就可以長高500公尺，豆莖粗壯，20個人爬上去也不會倒。可以改裝成立體的迷宮，或是設計成空中咖啡屋，或是作為軍事瞭望台，絕對物超所值。

◎**注意事項：**

　1.有懼高症的人不適用。

　2.不可食用。

　3.如果你家在飛機航道下，不宜種植魔豆，以免影響飛行安全。

　　這份學習單同樣可以分組討論，大家先決定要拍賣哪個童話裡的物品，再撰寫它的用途、特色及注意事項，例如：

　　白雪公主後母的魔鏡只說實話，擁有它，可以輕易知道明天考試的題目、樂透彩的中獎號碼……。

　　灰姑娘的玻璃鞋可以作為裝飾品，如果能穿上它，很快就會交到男朋友，但魔力消失時可能會變回破鞋……。

　　三隻小豬的大鍋子專門煮大野狼，開「狼肉店」的老闆絕對不要錯過……。

　　好看又好吃的糖果屋是小朋友的最愛，一間夠吃一個月，沒有蟑螂，不怕螞蟻，但若是小朋友蛀牙，那可不負責……。

　　把故事裡的物品拿到現代拍賣，不但活絡了孩子的想像力，無意中也為「創造發明」暖了身呢！不過，為了不讓孩子盡朝惡整、使壞的方向想，可以在一開始就約束孩子，拍賣物品不可用來害人哦！

本節　　　小叮嚀

　　把兒童文學的文類放在「實—虛」或「真—假」的光譜上，「童話」無疑是最「虛」、最「假」的文類。試想，兔子怎會掏出懷錶、天鵝怎會說話、小木偶的鼻子又怎會變長？童話根本就是從頭到尾的「胡說八道」。但因一切的異想天開都在作者合於幻想世界的邏輯中運行，因此，閱讀過程一樣虜獲讀者的心，難怪有學者稱童話為「入情入理的胡說八道」。

　　不過，童話的「虛」與「假」只是故事的表象，在這些表象之下所蘊含的「實」與「真」，可一點也不含糊。我們導讀童話、為童話設計學習單時，除了在趣味與想像中獲得樂趣外，更希望能找出童話的靈魂，帶領孩子感受童話的善與美；更進一步，還希望能指出它所涉及的、隱藏的價值觀是否妥切。

　　設計與導讀的能力該如何培養呢？一則基本的歷史素養必須具備，再則多閱讀文學評論的書籍，也有助於拓展眼界。

　　因此，閱讀童話不只是孩子的專利，大人同樣可以在閱讀童話中享受「知其然」，更「知其所以然」的樂趣。

適合詩歌的
學習單

「兒童詩歌」包含「童詩」與「兒歌」。

「童詩」重視想像和意境，
運用簡潔精練、富有情感的文字，
鋪陳兒童心靈的意境。

「兒歌」又叫「童謠」，
利用輕快的節奏和押韻，
表現趣味、淺易的內涵，
常常扮演兒童的啟蒙教材。

詩是詩，歌是歌，
但詩和歌有時不易區分，
「童詩兒歌化」和「兒歌童詩化」的例子時有所見。

尋找創意的身影

創意是詩歌重要的原料。

作者在極為有限的文字當中，透過創意的組合，建造出奇妙的語文知覺。若能引導孩童從中找出詩歌的創意，會令人忍不住愛上詩歌。

現以林世仁的《文字森林海》為例。

這是一本「非常非常」有創意的詩集，被喻為是「有動作、有表情」的圖象詩，且展現了「詩與畫手拉手的天作之合」，顛覆一般人對詩的印象，把中國文字的特色在詩裡發揮得淋漓盡致。

除了意境之外，本書在形式上有重大的突破，如何幫助孩子發覺詩裡的創意呢？我們可以這樣設計學習單：

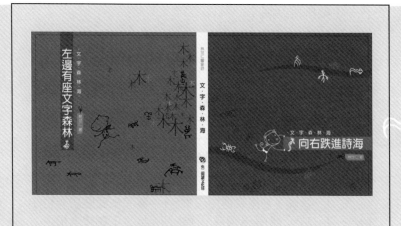

書名：文字森林海
文：林世仁
出版社：虫二

詩一定要排排站嗎？

詩一定要規規矩矩嗎？

詩一定只能這樣或那樣嗎？

◎請找出這本書裡你最喜歡的5首「最不一樣」的詩：

詩名	和一般詩不一樣的地方	這首詩想表達什麼？
躲在簾子後面的詩	當簾子被風吹得捲起來時，裡頭出現了一首詩。簾子是用許多的「簾」字串起來，就像珠珠串起來的簾子一樣；被風吹起來的部分，「簾」字加粗，有重疊的感覺呢！	簾子後面應該有位小姐，正在想念情人。西風把簾子吹得叮叮噹噹響，小姐的思念也叮叮噹噹跳上跳下的，表現心裡的想念和吹動的簾子一樣紛亂。

◎創意會生創意，詩人樂意邀請你一起發揮創意，請看〈啦
　啦隊的花式練習〉這首詩，詩人完成了四個隊形，第五個
　隊形換你試試看：

整　隊
向──前──看──齊！
　　我們　歡笑　山　今天　失敗　支持
　　你　　淚水　路　明天　轉　　加油

我的「隊形五」：

◎把你的「隊形五」念出來，你想表達什麼意思呢？說說
　看。

　　上述的學習單有兩大用意，一是找出這本詩集所表現的創意，二是讓孩童自己也嘗試創意作詩之樂。

　　前者希望讀者能看出詩人的創意所在，但又能扣緊詩的本身。就像〈躲在簾子後面的詩〉這首詩，不僅要看出詩人設計用一串疊在一起的「簾」字模擬珠簾的形象創意，還要感受詩的本身也可脫離形象，獨自賞讀，感受簾內佳人在西風捲簾動的時刻，內心對愛情的期盼與忐忑。當然，詩與圖的合作，在這本詩集裡可說相得益彰，詩因圖而活潑，圖也因詩而有情。

　　後者則選定書裡其中一首詩，讓孩童小試身手，模擬詩人的創意加以創作。以〈啦啦隊的花式練習〉這首詩為例，十二個各自獨立的語詞在詩人重新「整隊」後，組合成四種不同的意境，號稱四種隊形。第五種隊形呢？甚至第六種呢？都可以在孩子的巧妙安排下，整隊出不同的風貌。不過，整隊後的詩也要有詩的樣子，因此學習單末了，也強調要再念一遍，說出小詩人想要表達的意思。

　　詩人林煥彰對國內童詩的創作與推廣，貢獻不言而喻。以他的《分享・孤獨》一書為例，裡頭收錄的都是一至六行的短詩。詩這麼短，內容和形式更是求新求變，不過，用字方面倒是相當白話，鮮少使用冷僻的文字，老少咸宜的作品，對創新而言，更是一大挑戰。

　　什麼是「創意」？創意常常是在混亂、意外中捕捉到的「偶然」。同樣的情境，同樣的客觀物件，在甲視為一般，在乙卻會激盪出意想不到的火花。作為詩人，後者的能力不可或缺；作為詩的讀者，推敲出火花的擊撞點，是讀詩的樂趣與收穫。

書名：分享・孤獨
文：林煥彰
出版社：唐山

第47頁有首詩這麼寫著：

有一隻鳥兒，牠的叫聲

好像有人要欺侮牠；

「隨便你好啦！

隨便你好啦！」

可惜，我沒有看到牠，

不知牠的名字叫啥？

◎學一學這隻鳥的叫聲！（念快一點比較像）

◎如果你聽到下面這樣的鳥叫聲，請發揮創意，分組討論牠

　可能在說什麼？

◎再想一想，為什麼鳥兒要這麼說？

鳥叫聲	牠好像在說……	為什麼鳥兒要這麼說？
架架格格 ㄐㄧㄚˋ ㄐㄧㄚˋ ㄍㄜˊ ㄍㄜˊ	回家──哥哥	哥哥失蹤了，弟弟變成鳥兒到處找哥哥。
恰恰 ㄑㄧㄚˋ ㄑㄧㄚˋ		
蠻蠻 ㄇㄢˊ ㄇㄢˊ		
啞吒 ㄧㄚ ㄓㄚˋ		
戞 ㄐㄧㄚˊ		

（上面這些鳥叫的狀聲詞，都曾經出現在古人的詩詞文章裡哦！）

◎到戶外聽聽動物的叫聲吧！猜猜看，牠們在說什麼？說不定你也可以成為小詩人呢！

　　可以想像，詩人可能在某個偶然的機會，聽到一陣鳥叫聲，聲音的高低旋律讓人覺得好像在說「隨便你好啦」，於是詩人想像這隻鳥可能常被人欺負，所以有這樣的叫聲。當然，同樣的聲音，換做別人可能有不同的詮釋，例如有人可能覺得那隻鳥被愛慕者糾纏，像是在說「不要煩我啦」；或像是盡職的導覽人員，提醒登山客「前面就到啦」……等，這就是「境由心生」，由此也可以猜想詩人林煥彰是個很有同情心的人，設想鳥兒處境艱難，所以產生這樣的聯想。

　　兒童文學家陳木城的聯想創意也是一流，在其〈青蛙共和嘓嘓嘓〉一文中提到，青蛙的大嗓門如果能夠配得恰當得宜，合奏起來仍然好聽。例如：腹斑蛙「ㄍㄟˋ──ㄍㄟˋ──ㄍㄟˋ──」的叫聲非常清脆，如果配上貢德氏或是白頷「ㄍㄡˋ──‧ㄍㄡ‧ㄍㄡ，ㄍㄡˋ──‧ㄍㄡ‧ㄍㄡ」，聽起來像是一方要「給給給」，另一方說「夠了啦！夠了啦！」他寫下這樣的童詩：

　　腹斑蛙：給！給！給！

　　貢德氏蛙說：夠了夠了！

　　古時候也有類似的例子：傳說蜀王杜宇（望帝）因被迫讓位給他的臣子，自己隱居山林，死後靈魂化為杜鵑，從此杜鵑鳥、杜鵑花被賦予文化的意味。有人說杜鵑鳥的叫聲像是「不如歸、不如歸」，叫到斷腸，鮮血染紅杜鵑花叢。李白《宣城見杜鵑花》就寫道：「蜀國曾聞子規鳥，宣城還見杜鵑花。一叫一迴腸一斷，三春三月憶三巴。」可見動物的叫聲在文人、詩人的耳裡，就能幻化無限的可能。

　　這份學習單的設計有三個考量：第一，希望孩子回到詩人的情境，感受詩人當時聽到的鳥聲，藉由模仿「隨便你好啦」的鳥叫聲，還原現場。第二，以古人曾經使用過的鳥叫狀聲詞為例，讓學生發揮高度想像力，創造出新的意境，學習做個小詩人。第三，鼓勵孩子接觸大自然，傾聽動物，甚至風吹草擺樹搖葉舞的聲音，活化感官，營造作詩的創意環境！

提煉詩歌的美感

詩歌的美，美在心境。

許多學生很喜歡國語課本裡出現詩歌，不是因為真的喜歡詩歌，而是因為詩歌通常短，生字詞不多，容易記誦，大大減少作業和準備考試所需的時間。

然而，雖然字少易上口，對詩歌的體會卻常常流於解釋、翻譯，對其中所要展現的美感難有體會，此最為可惜。如何讓孩童能靜下心來體會？以林世仁的《地球花園》為例，我們可以試試這個方法：

書名：地球花園
文：林世仁
出版社：民生報

◎讀一讀〈蝴蝶〉這首詩：

大大小小的郵票

一張張

落在花心上

想把春天打包

寄到遠方去呢！

想一想，

1.為什麼用「郵票」比喻「蝴蝶」？

2.把「春天」寄到遠方，是什麼意思？寄給誰？

◎把你對這首詩的體會畫成一幅圖！

　　為詩歌畫圖的過程，孩童勢必要細細體會，才能畫出合乎詩歌旨意的圖。在這裡，圖畫得好不好看、像不像，並不是重點；我們要的是孩子的詮釋是否得宜，甚至別有創見。

　　同樣的方法，師長也可以設計成畫四格漫畫、畫連環圖，這些要視選定的詩歌而定。例如同樣這本詩集裡的〈世界上的月亮〉，詩是這麼寫的：

誰說月亮只有一個？

你看

湖裡的月亮　胖胖的

海上的月亮　會跳舞

水溝裡的月亮　臭臭的

水泥地上的月亮　會隱形

字典裡的月亮　沒有圓缺

你眼裡的月亮　會唱歌

　　讀完這首詩，孩子就可以依據詩意畫出六張「月亮圖」，如果不懂為什麼「海上的月亮會跳舞」？為什麼「你眼裡的月亮會唱歌」？就必須去觀察，去體會，而這樣的過程，正有助於提煉出詩歌的美感。

　　除了為詩歌「插畫」以外，也可以用表演的方式感受詩歌的美感，以「多元創作兒童詩歌」系列中洪志明所著的《中秋月，真漂亮》一書為例：

書名：中秋月，真漂亮
文：洪志明
出版社：小魯

　　這本書以「秋天」為主題，用詩歌形式描述秋天的大自然、動植物，頗有童趣：

◎四個同學一組，兩人念歌謠，另外兩人表演歌謠的意思：

　　蝦子蝦子個子小，

　　蝦子蝦子功夫好。

　　他打架，有絕招，

　　好像我家小妹妹，

　　先用指甲捏，

　　再用嘴巴咬。

　　打輸了，

　　不哭也不鬧，

　　身體一縮，

　　往後逃。

　　交換角色，換另外兩人念歌謠，另外兩人表演。

◎說說看，對方的表演哪裡好？

評分要點
1.能把蝦子的樣子表現出來
2.能把蝦子捏啊、咬啊、縮啊、逃啊的動作表現出來
3.能把小妹妹打架的樣子和蝦子的動作串起來
4.其他

　　把蝦子打架比擬成小妹妹的模樣，傳神而有趣，學習單裡利用表演的方式讓孩子揣摩這種「動態的比擬」，不論用畫的，用演的，這類學習單只有一個目的——希望讀者用心揣摩，深入文字背後的意境，感受詩歌的美！

傾聽詩歌的音樂

　　雖然現代詩歌已不像古代詩詞那麼嚴謹的講究格律，但音律仍是詩歌的重要元素，尤其兒歌常常藉由輕快的節奏，讓孩童易於上口，方便學習。如果能將詩人所要表現的語言節奏呈現出來，孩子對文字所展現的律動，當更加覺得趣味。

　　以《妙妙蟲兒ㄅㄆㄇ》一書為例：

書名：妙妙蟲兒ㄅㄆㄇ
文：謝武彰
出版社：國語日報

　　此書的功能集中在注音符號的學習，作者將每一個注音符號都編寫了幾首兒歌，讓小朋友在念兒歌的同時也學會了注音符號。

　　由於學習注音符號一定要「念」出來效果才好，因此，我們也注意到書裡許多首兒歌可以賦予它節奏感，例如：

◎用下面的節拍念出書中「ㄝ」的兒歌：（○代表休止符）

紅鞋　黃鞋　黑鞋　　○○

白鞋　綠鞋　花鞋　　○○

鞋店　裡○　擺滿了　鞋○，

來買　鞋的　　○　　　○

有先　生○、有小　　姐○。（4／4拍）

◎再試試下面這種節拍，遇到「×」時，雙手要拍桌子：

紅　　鞋　　×　　×

黃　　鞋　　×　　×

黑鞋　白鞋　×　　×

綠鞋　花鞋　×　　×

鞋店　裡○　擺滿了　鞋○，

來買　鞋的　×× 　××

○有　先生、○有　　小姐。（4／4拍）

◎小朋友，換你編編看，有沒有不同的念法？

　可以利用響板、拍腿⋯⋯等方法增加趣味哦！

　也可以兩人合作，交替輪流念呢！

　　這份學習單結合朗讀與律動，讓孩子們依照設計的兩種節奏念謠，體會不同的節奏有其不同的律動，更從念謠中體察詩歌的音樂性。當然，這份學習單重在實際練習，可不是要孩子寫出簡譜！

．．．．．．．．．．．．．．．．．．．．．．．．．．．．．．．．．．

　　押韻是詩歌音樂性的表現方式之一，有韻容易記憶，有韻容易琅琅上口，雖然現代詩人重視意境勝於韻腳，但有押韻的詩歌生動悅耳，是不爭的事實。特別在兒歌的領域，也許不一定要押韻，但詩人幾乎是「盡可能押韻」，即使是用鄉土語言創作的兒歌也是如此。以《台灣好——台灣2004年兒歌一百》為例：

書名：台灣好——
　　　台灣2004年兒歌一百
文：張子樟等主編
出版社：文建會

◎念念看：（如果不會念，可以跟著CD一起念！）

用閩南語朗讀	用客語朗讀	用國語朗讀
電風◎吳昭儀	目鏡蛇 ◎劉世博	紅菱角 ◎蔡昌哲
寒天冷吱吱 電風倚壁邊 頭殼㧣㧣恬寂寂 逐家放𣍐記 無人敫插伊 熱天有人氣 人人想起伊 搖過來 𣍐過去 阿公吹伊真歡喜 囡仔兄也笑微微	目鏡蛇，目花花， 尋目鏡，滿山爬， 問鄰舍，麼人拿？ 看到𠊎，毋講話， 目側側，露出牙， 頸直直，伸舌嫲。 蛇哥、蛇哥、吃杯茶， 汝个鏡無人拿， 請汝相信𠊎个話， 試尋看看你頭林。	秋天到 紅菱角 彎彎嘴巴 翹上半天高 秋天到 紅菱角 尖尖耳朵 打聽船兒搖 秋天到 紅菱角 甜甜笑容 掛在你嘴角
這首兒歌押的是（一）韻	這首兒歌押的是（ ）韻	這首兒歌押的是（ ）韻

◎把押韻的字圈起來。說說看，你發現了什麼？

這份學習單裡選擇書中三種不同語言創作的兒歌,分別要求孩子朗讀（老師可視班上族群人口,適度調整選錄的鄉土語言兒歌,例如增加原住民語言）。在朗讀的過程中,很容易體會押韻帶來的輕快活潑感,繼而請學生寫出各首押的是什麼韻（用國語的注音符號表示即可）,最後要求學生把押韻的字圈起來,感受詩人在創作時選字的用心。

以第一首〈電風〉為例,押韻的字有「吱」、「邊」、「寂」、「記」、「伊」、「氣」、「伊」、「去」、「喜」、「微」,可說每句都押。第二首押「ㄚ」韻,全首都押;第三首押「ㄠ」韻,只有三句未押。由此可以看出,兒歌喜歡押韻,如同張清榮在評審的話所言:「寧可『押得密』（幾乎每句都押）,不要『押得疏』,否則將缺少音韻的共鳴感覺。而每段的最後一句一定押韻,才有『收束兜攏』的作用。」這份學習單就是希望孩子能發現兒歌存在的音樂效果。

感受詩歌的留白

　　由於詩歌重視意境的經營，因此留有很大的空間可供讀者想像；就像圖畫一樣，不會畫得滿滿的，適度的留白，帶給觀眾更大揮灑的空間。學者指出，「創意」、「陌生」及「模糊」是詩語言的三大特質，其中詩語言的陌生性和模糊性，處理了「意在言外」的情感面，「留給讀者思索的空間」。

　　為了凸顯詩歌留白的、模糊的美，我們可以運用「猜謎」的方式，提供讀者自由想像的機會。

　　茲以牧也的《野薑花的婚禮》為例：

書名：野薑花的婚禮
文：牧也
出版社：民生報

◎為下面這兩首詩分別訂個題目吧！

【　】

有驚奇的叫聲

在右手
搖 搖 搖 ！

在左手
擺 擺 擺 ！

有快樂的笑聲
在我們中間
是跳躍的童年
而那稚氣的小臉蛋
永遠沾滿
亮麗的晴天

【　】

總是聽到一串串
親密的對話
爸爸對媽媽說
用妳的手臂
擁住我的吧！
媽媽對姊姊說
用妳的手臂
握住我的吧！
姊姊對妹妹說
用妳的手臂
拉住我的吧！
於是
在愛的漩渦中
我們一次比一次
明白
全家幸福的
祕密

◎ 說說看，你為什麼訂這樣的題目？

◎ 聽聽其他人的答案和想法，你覺得有道理嗎？為什麼？

　　這份學習單的答案分別是〈玩翹翹板〉和〈洗衣機〉，是不是很有趣呢？不過更有趣的是答案未揭曉前的猜測過程，孩子必須從詩歌裡傳達出來的意象做出推論，提出合理的主張，再給予適當的題目。

　　第一首排列出來的文字，透露些許端倪：它像天平、是對稱的。再加上驚奇的叫聲、快樂的笑聲，八成和遊戲有關。第二首描繪了一家人手拉手的圖像，剛開始也許不容易猜，但下一段提到「愛的漩渦」，讓訊息明確多了。這樣的推測過程，孩子像福爾摩斯一樣，在陌生的字裡、模糊的句裡、創意的氛圍裡，企圖找出線索，我認為就是在享受詩歌留白的美。

　　要強調的是，題目「猜對了沒」並不是最重要的，有時候讀者重新訂的題目比原作者更高明也不一定；即使孩子的題目有明顯不當，也可以藉由這份學習單另一個重要的目的：「聽聽不同的觀點」，去修正自己、觸發多角度的感受。

　　「猜謎」用在兒歌上，也有很大的「認知功能」！兒童文學家林良認為，兒歌對幼兒的意義是「學習語言」和「認識世界」。《詩經》說的「多識鳥獸草木之名」，藉由兒歌，的確可以事半功倍。林良的作品《小動物兒歌集》為20種小動物各自編出一首首的兒歌，就有這樣的功能。

書名：小動物兒歌集
文：林良
出版社：民生報

◎猜猜看，這裡說的是什麼動物？把它畫下來。

（在這裡畫圖）	（在這裡畫圖）
（蜻蜓）（蜻蜓）， 你真精靈。 你怕發胖， 不敢多吃東西。 餓得瘦瘦的， 把身體弄得像飛機。 你那四個翅膀， 細細長長。 就是真正的飛機， 也沒有你漂亮。	（　）（　）， 你挖土挖得真勤！ 你挖的是金子？ 還是白白的銀子？ 你沒有眼睛沒有耳朵， 怎麼知道寶貝在哪個角落？ 你做事很可靠， 應該叫你去挖隧道。 每天賺點兒工錢過活， 不比亂挖一氣好得多？

這裡的兒歌透過「擬人」的手法，把每種動物賦予人的質性，拉近了人與動物的距離，產生有別於真實世界的親切感。雖然兒歌在意境的經營上不像詩那般講究，但輾轉的描繪與醞釀，也創造出特有的詩味。

學習詩歌的語言

　　詩的文字精練，為了傳達意味，詩人常常為了一個字斟酌好幾天。有人形容散文像米，詩則像酒，說明了詩的語言可以跳脫原有的意涵，呈現千百種樣貌。雖然大部分的詩歌只有短短的幾句話，但是因為修辭的表現方式，讓作品蘊含著豐富的情感與智慧，足以令人超越文字的限制，享受詩歌的美妙。

　　既然詩歌是所有文體中最「字字珠璣」的，我們若從中學習它的修辭法，不僅對詩歌本身的賞析能更上一層樓，對整體語文能力的提升也大有助益。

　　詩歌裡常見的修辭法有：擬人、譬喻、映襯、設問、類疊、層遞、雙關、感官摹寫……等，詩人靈活運用於詩作中，為語言創造了出人意表的情趣。

　　以顏福南的〈收藏秋天〉這首詩為例，我們可以設計學習單讓孩子尋找詩人用到的修辭法：

◎欣賞這首詩後，從框裡找出這首詩用到的修辭法，至少三
種，並從詩裡各舉一個例句。

收藏秋天◎顏福南 (摘自翰林出版之《國語》第八冊)

聽說

秋天躲在奧萬大

蜿蜒的山路上

擠滿尋找秋天的人

找到了！

找到了！

秋天就在楓林裡

聽！

秋天的歌聲

迴盪在楓林裡

讓楓葉醉紅了臉

看！

秋天的身影

在楓林裡翩翩起舞

捲落了片片楓葉

我撿起了一片

藏在書本裡

秋天對我眨眼睛

要我幫她保守祕密

擬人　譬喻　映襯　設問　類疊層遞　雙關　感官摹寫

（聽、視、嗅、味、觸覺）其他（可以自己想一個）

修辭法	詩的例句
1.擬人	秋天躲在奧萬大
2.聽覺摹寫	
3.	

　　如果想更進一步，讓孩子學習詩人的修辭，重新仿作，
也是不錯的學習設計。再以〈收藏秋天〉為例：

◎在下面的空格裡填上你的想法，填完後重新讀一遍，檢查
　是不是通順？是不是合理？

　收藏秋天　◎作者（　　　）

　　　聽說

　　　秋天躲在（　　　）

　　　（　　　）的（　　　）中

　　　擠滿尋找秋天的人

　　　找到了！

　　　找到了！

　　　秋天就在（　　　）裡

　　　聽！

　　　秋天的歌聲

　　　迴盪在（　　　）

讓（　　　）

看！

秋天的身影

在（　　　）裡翩翩起舞

捲落了（　　　）

我撿起了（　　　）

藏在（　　　）裡

秋天對我眨眼睛

要我幫她保守祕密

　　第二份學習單的設計跟一般的「照樣造句」很不一樣，孩子無法只考慮單句的答案，必須整體考量：先決定用什麼事物代表秋天（例如欒樹、螃蟹、菊花、風箏、芒草……等），再觀察這個事物的特徵，然後才能下筆仿作。在這過程中，孩子雖然不是「完全創造」，但也經歷一番「觀察→體驗→想像→斟酌修辭」的作詩過程。

本節　　　小叮嚀

　　童詩兒歌不算好教，因為它們總是溢出章法，每首詩歌有其強烈的獨特性，過度強調規則的教學與賞析，有時會「壞了詩味」；然而，它們也不是全無脈絡，許多專門談詩歌的書籍可以幫助我們提升對賞詩、作詩、教詩的素養。

　　由於詩歌是種「濃度」很高的文學作品，光是一首詩歌，就可以有相當多的學習引導方式，包括內涵和形式，值得教學者玩味再三。甚至不同作品間的比較，也可以激盪出絢麗的火花，例如比較不同詩人如何描寫「蝴蝶」，如何刻畫「寂寞」。

　　要建議的是，不管設計怎樣的學習單，都不要忘了先吟誦，因為詩歌光用看的，大概只能體會五成的美；而反覆吟詠之間，常常能幫助我們進入詩歌的世界。

適合散文的學習單

散文是最自由、最活潑的文體，
可以敘事、抒情，
也可以寫景、說理，
表現手法靈活多變，
包括雜感、短評、小品、遊記、書信、日記及回憶錄等，
都在散文之列。

散文的題材十分廣闊，
宇宙、國家、生活、人際、飲食、旅遊、自然、感情等，
無不可入題。

不論是哪種素材，
均透過「接近口語節奏」的散行文句，
表達作者的情思。

建立明確的主題

　　不論是描寫、諷刺、評論、憶舊、抒懷，散文大多透過含蓄的象徵，表達深刻的寓意，由外看內也好，由內看外也好，最重要的就是讓讀者在閱讀之後，能夠體會作者所傳達清新、明確、有創意的主題。

　　以擅長遊記的桂文亞作品為例：

書名：長著翅膀遊英國
文：桂文亞
出版社：民生報

　　這是作者在劍橋三個半月行萬里路的見聞，但成功的遊記絕非只是「邊遊邊記」而已，而是能見人未見之處、思人未思之境，在景物之中發掘底蘊，傳達深刻的思考與溫暖的情懷。

　　以書中〈草地之歌〉這篇散文為例，「草地」何等平凡，能「歌」出何等曼妙的旋律？試以學習單呈現作者的文思，以歸納其歌詠的主題。

劍橋大學的草地

大眾化的草地　　　　　　　　　　裝飾用的草地

草的生長	人的活動	動物的活動	草地的外觀	出現的地點	周邊的景物
一片一片像陸地上的海洋。綠盈盈的草地強壯又新鮮。					

草地美麗的原因

1.	2.

歸納結論：（　　　　　　　　　　）

　　透過這份學習單，讀者可將「草地之歌」這篇散文加以「結構化」，一方面學習作者如何取材，一方面也學習作者建立主題的技巧。

　　一般而言，主題無非置於文章的「首」、「中」、「尾」。若是放在「首」，有引領全文之效；若是置於「中」，則扮演承上啟下的作用；若是如「草地之歌」此文置於「尾」，則在為全文「畫龍點睛」！

　　不過有些散文的主題則是不易從文字表面尋找，必須閱讀全文後，始能推敲出文章的意旨。

書名：紫微阿斗數
文：林玫伶
出版社：小兵

　　這本書乍看之下像一本「算命書」，不過細讀之下會發現作者其實是利用「江湖術士之言」，行「心理輔導之實」。作者虛構一位命相大師「阿斗」，號稱算命界的異數，命理界的奇葩，利用小朋友喜歡算命的次級文化，一則幫小朋友算命，二則教小朋友重新說命解命論命。

　　以書中「養了一隻雙子座的狗」為例：

◎疑難雜症：養了一隻6月20日生「雙子座」的狗，有沒有特別要注意的事？

◎阿斗算命：

雙子座狗的性格	注意事項	是否適用「其他星座的狗」？
1.愛叫	1-1萬一不叫，要注意狗是否不舒服。	□是　□否
	1-2不可因為狗叫而生氣修理牠。	□是　□否
	1-3要提防鄰居因為狗亂叫而修理你。	□是　□否
	1-4入夜後，不要讓狗有太多應酬。	□是　□否
2.喜歡新奇的東西	2-1鞋子、作業簿收好，以免被咬。	□是　□否
3.自尊心強	3-1不要把狗當出氣筒。	□是　□否

4.聰明，領悟力強	4-1早點教牠在固定地方大小便。	☐是 ☐否
	4-2主人要以身作則，給狗好的榜樣。	☐是 ☐否
5.外交家	5-1多帶出去走走。 5-2遇到狗輩會嘶喊一番。 5-3活力充沛，小心反被狗遛。	☐是 ☐否 ☐是 ☐否 ☐是 ☐否
6.神經過敏	6-1不適合當流浪狗。 6-2被拋棄會瘋狂癡癲，慘死街巷。	☐是 ☐否 ☐是 ☐否

統計共（　　　　）個是，（　　　　）個否。

◎我的發現：

1.阿斗算的命，準嗎？理由是什麼？

2.為什麼阿斗要這樣說？

　　閱讀這本書，如果以書中描述的「星座」、「太歲」、「血型」……等特性來詮釋全文，那就真的被阿斗「唬嚨」了。透過學習單的整理，讀者可以發現：書中所言不只適合雙子座的狗，也適合其他任何一條狗！只不過作者換另外一種方式帶領讀者勘透算命的迷思。指出背後的人文意義，這一點，才是全書的主旨啊！

學習對世界的關心

　　延續上一小節，作者在建立主題的過程中，非常重視「取材」。同樣的事物，對甲是題材，擺在乙面前可能視而不見，這牽涉到我們是否能開啟心懷、獨具慧眼！

　　英國詩人布萊克的名句：「一沙一世界，一花一天堂。」意思是說，一粒沙中，也有許多的微小生物在裡頭；一朵花中，也可以看到宇宙在花心形成的美。勉勵我們要細心體會萬事萬物，即便是一粒沙子，也可以看到一個世界；一朵野花，也存在著整個天際。

　　杏林子曾經比喻寫作取材就像「撿破爛」，最卑微的、最習以為常的東西，加入了人的關心、敏銳的觀察，一樣能寫出感人的作品。

　　許多人常抱怨找不到寫作的題材，以下的學習單設計，在幫助大家學習如何「以小看大」，讓題材更廣闊，也讓心更開闊。

首先以杏林子的《生之歌》為例。作者劉俠在12歲時，罹患類風溼性關節炎，手腳腫痛，行動不便，但因基督信仰，對生命充滿了樂觀與積極，為文執筆流露出強韌的生命力與喜樂寬厚的無限天地。她的著作等身，但行動範圍卻不過是醫院與臥房，她的題材是怎麼來的？

書名：生之歌
文：杏林子
出版社：九歌

◎閱讀下面篇目，作者寫作靈感，是觀察什麼事物得來的？

1.愛的世界→（日月潭日出的一道光）

2.春→（一枝含苞待放的黃玫瑰）

3.聽聽這小溪→（　　　　　　　　　）

4.缺陷的兩面→（　　　　　　　　　）

5.母親的餡餅→（　　　　　　　　　）

6.老兵的勳章→（　　　　　　　　　）

7.登上高峰→（　　　　　　　　　　）

8.小蜘蛛→（　　　　　　　　　　）

9.錦繡大道→（　　　　　　　　　）

10.兩張臉→（　　　　　　　　　）

　　　　　　　作者的取材，幾乎來自生活中的瑣瑣碎碎……

◎**你也敞開心胸，從生活周遭找出5個可以發揮的題材吧！**

我找到的題材	可以發揮的主題
例：抽屜有一支阿姨送的鋼筆。	阿姨希望我能一輩子與文字做朋友
1.	
2.	
3.	
4.	
5.	
6.	

上例是就整本書的內容，分析作者的取材來源；下例則鎖定單篇文章，利用架構圖將作者寫作的材料表現出來。

茲以馮輝岳的《阿公的八角風箏》為例：

書名：阿公的八角風箏
文：馮輝岳
出版社：民生報

◎閱讀〈旺伯母的鵝〉一文後，試著畫出本文的架構圖：

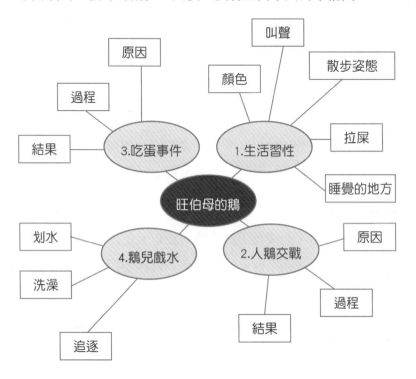

◎學會架構圖後，請任選書中一篇文章，也畫出該篇的架構
圖，看看作者使用了哪些材料！

這份學習單將〈旺伯母的鵝〉的架構圖先示範其畫法，師長要介紹並說明此圖的重點：該文先描寫〈旺伯母的鵝〉有哪些「生活習性」，作者從鵝的羽毛顏色、叫聲吵人、散步姿態、到處拉屎以及總是占據晒穀場睡覺，生動描繪出鵝的生活。接著詳細描寫驚天動地的「人鵝交戰」，從原因到經過，再到交戰的結果，令人拍案叫絕。繼而敘述偶爾發現鵝兒在林中沙堆裡藏的蛋，引發吃蛋報復，卻反被蛋噎脹氣的窘狀。最後以在河邊觀鵝戲，細膩的描繪鵝兒不同的戲水模樣，包括划水的優雅、洗澡的俏皮以及追逐的歡喜，總結作者從拒鵝、怕鵝、欺鵝到賞鵝的心路歷程，教人不共鳴也難！

架構圖中末梢的每個方格都是一個觀察點，也是一個取材處，要有「明察秋毫」的觀察力，才能有源源不絕的材料。

有了示範之後，最後請孩子自選一篇書中的文章，也練習畫出架構圖，體會作者如何用關心的眼光觀察這個世界！

學習寫作的技巧

　　一個人有所感、有所思，想要將它表達出來，觸動讀者心弦，必須運用適度的技巧。所謂技巧，包括文章的結構布局、語言修辭，若能剪裁得宜、用字得當，才能把內心的情思流瀉出來，感動他人。

　　有句話說：「筆鋒如劍鋒一樣，愈磨愈亮。」優秀的作者筆鋒又利又亮，其寫作技巧自然值得學習。最常見的就是修辭的表現：

書名：記得茶香滿山野
文：向陽
圖：許文綺
出版社：遠流

　　《記得茶香滿山野》這本書描述南投鹿谷的茶鄉，作者向陽是位詩人，他以詩般的文字描繪出茶鄉的人、事、物，沒有精采轉折的情節，也沒有驚心動魄的故事，但有一股樸實恬淡的氣息令人回味再三。

　　就文字修辭而言，這本書大量使用五官（五感）描寫事物，是一大特色。我們可以這樣設計學習單：

使用五官描寫事物，能使描寫的事物變得豐富、立體。

這本書的作者擅長用五官描寫，例如：

望向前方，映入眼簾的就是凍頂平台，整座山谷，一畦畦的茶園，滿身綠衣，抖擻站在春風之前，跟鳳凰山上剛剛露臉的朝陽打招呼。

→作者使用（視覺）描寫鳳凰谷。

又如：

新茶有新茶的香氣，陳年老茶則帶甘醇而有餘味。……陳年老茶的香氣與新茶不同，新茶撲鼻，陳年老茶則低迴徘回，茶香由烘乾機中一陣陣流瀉開來。

→作者使用（嗅覺）描寫新茶、老茶的味道。

◎小朋友，你能從書中找出其他的例子嗎？

五官（五感）	書中的句子	頁碼
用視覺描寫的例子		
用聽覺描寫的例子		
用觸覺描寫的例子		
用嗅覺描寫的例子		
用味覺描寫的例子		

完成學習單以後，最好進行團體分享活動，發表各自的「收穫」。透過大家在書裡頭「尋找例句」的過程，常常令人驚喜連連：「哇！找到了。」「這裡也有一句！」讀者會發現，原來作家是這麼自然的把修辭運用在文章裡。

同樣修辭技巧的學習，還有一例：

書名：小太陽
文：林良
圖：岳宣
出版社：格林文化

讀一讀下面的句子：

1. 對瑋瑋來說，這真是她童年的「冰河期」。（《小太陽》P61）

   →「冰河期」本來是指地質上的一個時期，在新生代的第四紀，當時的氣候非常寒冷，大部分地區皆為冰川所覆蓋。這裡被借來表示（寂寞無人陪伴的時期）。

2. 我在「十二燭光」下滿頭大汗寫完我的稿子，鼻子也熏黑了。（《小太陽》P69）

   →「燭光」本來是指計算發光強度的單位。當白金到達熔點時，每六十分之一平方公分的面積所發出的光強度，稱為「一燭光」。這裡被借來表示（真的點了十二根蠟燭）。

◎活動一：

　　小朋友，你能從書中再找出2個例子嗎？請找出來並說明「本來的意思」和「借用的意思」。

書中借代法的例句	本來的意思	借用的意思
1.		
2.		

◎活動二：

　　日常生活中也常常使用「借代」，例如「廁所」除了可以說成「化妝室」以外，還有「洗手間」、「盥洗室」、「茅房」、「觀瀑樓」（男廁）、「聽雨軒」（女廁）等說法，增加了含蓄的文字美感。

　　請將下面這些語詞用別的詞借代，並且造一個例句。

1.「太太」→（牽手）→（我給您介紹，這位是我的牽手。）

2.「小偷」→（　　）→（　　　　　　　　　　　　　）

3.「月亮」→（　　）→（　　　　　　　　　　　　　）

　　和前一份學習單不同的是，這份學習單還增加了「教學」和「仿作」。一開始先進行修辭教學，再提出書中的例子相印證，最後做延伸練習，讓學生運用所學仿造例句，頗有透過閱讀進行語文學習的味道。

　　除了修辭以外，作者的寫作技巧也表現在結構上，下例是欣賞整本書的結構安排：

書名：我家開戲院
文：林玫伶
出版社：民生報

　　這是一本以高雄縣美濃鎮第一戲院為背景敘寫的童年懷舊散文，作者以「這是剛開始的事」、「這些是童年的事」以及「這些是後來的事」安排篇章，描繪一家鄉鎮級戲院的興衰史。為書寫序的曾西霸認為，這樣的安排讓全書以「古典三幕劇」結構呈現，讓整本書就像一齣戲劇。

　　所謂「古典三幕劇」是指「鳳頭」、「豬肚」、「豹尾」，意指開頭如鳳頭般小而美、中間如豬肚豐富而充實，結尾則要如豹尾之有力。為了讓學生能體會這一層的寫作技巧，我們可以這樣設計：

曾西霸在「代序」中提到，這本書在形式上的處理，採用古典三幕劇結構：

鳳頭

這是剛開始的事 →	戲院名稱： 戲院外型： 戲院老闆： 戲院地點： 開幕年代：

豬肚

這些是童年的事 →	遇過怎樣溫馨的事？ 遇過怎樣倒楣的事？ 遇過怎樣有趣的事？ 演過怎樣的片子？ 戲院有哪些工作？

豹尾

這些是後來的事 →	戲院現在怎麼了？ 老闆後來做什麼事？ 戲院後來賺錢了嗎？

　　討論回答這張學習單以後，學生可以了解：一般散文集篇與篇之間不一定有邏輯順序，本書雖是一篇篇的散文合集，但各篇可獨立欣賞，也可以合起來串成一個真實生動的故事。這份學習單就是希望學生看完書以後，能像個巨人站在高處統觀整本書的架構與內容，從中得到「俯視」的閱讀樂趣，同時也能培養摘取書本重點的能力。

體會散文的境界

　　同樣的散文，不同的人有不同的體會；就算是同一個人，不同的人生階段，也會在文章中看到不同的世界。這是因為生命的體會不同，人生閱歷起了「化學變化」，反映在散文閱讀上，自然有不同層次的體會。

　　所謂「看山是山」、「看山不是山」、「看山還是山」的人生三境界，是一種體悟的歷程；王國維的「昨夜西風凋碧樹，獨上高樓，望盡天涯路」、「衣帶漸寬終不悔，為伊消得人憔悴」、「眾裡尋他千百度，驀然回首，那人卻在燈火闌珊處」三境，道出人們不同生命階段的不同領悟。

　　學生因為尚值青春年少或童蒙時期，大多缺乏深刻的人生體驗，對於散文蘊藏的情思不見得能了解。以朱自清的〈背影〉為例，2003年曾經報導大陸湖北省教材編輯委員會將這篇著名的散文自中學語文教材中剔除，理由是學生認為文中的父親「不遵守交通規則」（穿越鐵道、爬月台）、

「形象不夠瀟灑」（是個胖子、走路蹣跚、穿著老成）。

　　此事後來因學生家長紛紛反對，當局才重新將該文列為教材。教材編輯人員表示：「有些好文章由於時代等原因，學生讀起來不太能理解，需要老師引導。」

　　上述報導提醒師長一個重要的觀點：即使文章寫得再好再經典，文學地位再怎樣屹立不搖，如果讀者的「境界」不到，一切都是惘然。因此，幫助讀者體會散文的境界，就變得十分重要。表現在學習單上，我們可以這樣做：

書名：背影
文：朱自清
因有各種不同的版本，
讀者可挑選適合的書籍閱讀。

◎訪問讀過〈背影〉的師長或親友三人,把訪問結果摘要記下來。(如果受訪者沒有讀過〈背影〉,可馬上邀請對方利用10～20分鐘先欣賞全文)

第一位受訪者姓名:＿＿＿＿＿＿＿ 和訪問者的關係:＿＿＿＿

訪問題目:本來朱自清一開始內心還暗笑父親的迂,為什麼後來看見父親爬月台買橘子,卻忍不住掉下眼淚?

訪談摘要:

第二位受訪者姓名:＿＿＿＿＿＿＿ 和訪問者的關係:＿＿＿＿

訪問題目:從〈背影〉中可以發現朱自清的父親並不是一位成功者,為什麼朱自清仍那麼想念他?

訪談摘要:

第三位受訪者姓名：＿＿＿＿＿＿＿和訪問者的關係：＿＿＿＿＿

訪問題目：請問您最喜歡〈背影〉一文中的哪一段？為什麼？

訪談摘要：

　　這份學習單上的訪問題目當然是可以修改的，師長可以針對有疑惑的、有爭議的、情感細微之處不易覺察的地方，加以命題，提供學生傾聽長輩感受的機會。換句話說，本學習單乃是透過訪問比孩子人生閱歷更豐富的人，開拓他們的視野、嘗試體驗不同境界的觀點。

　　訪問的對象很重要，師長可多加安排；訪問之後，孩子也許認同，也許不認同，但總是一個提升境界的機會。

本節　　　　小叮嚀

　　有人稱散文為「雜文」，頗有「無所不寫」、「無所不入題」的味道。正因散文有此特質，表現的型態也就各異，想藉著散文達到學習的目的，也就有千百種方法。

　　例如「書信」屬於散文的一種，設計學習單時可就內容的主題、取材、修辭等進行設計；也可以就書信的格式有所指導。又如有些「遊記」還包含豐富的歷史觀，指導時也可從歷史的角度切入，增廣孩子的見聞。再如許多「短評」、「社論」也反映出當時社會的價值觀，若從古今對照比較的觀點引導，也會讓孩子有一番收穫。（如反共復國的年代，和現在有意化敵為友的氛圍大不相同；性別議題也大幅開放，更是顛覆過去男女有別、隱諱遮掩的傳統印象。）

　　建議師長自己先閱讀以後，確立教學目標，再依據目標設計學習單，如此的設計才不會流於表層的淺薄閱讀。

適合
少年小說的
學 習 單

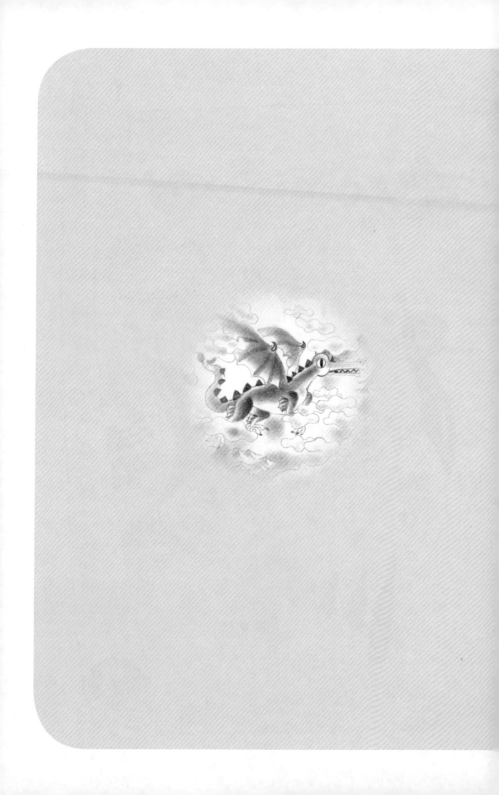

「少年小說」不是大一號的兒童故事，
也不是小一號的成人小說，
少年小說有其獨特的定位。
它是針對10至15歲的少年所創作的小說，
閱讀對象一般指國小高年級和國中生。

這段年齡層的孩子是尷尬的，
他們對世界有無限的憧憬和熱情的渴望，
有著「為賦新詞強說愁」的澎湃情感，
也有「少年維特」的煩惱與蒼白。
更多時候，
他們是被期待「拚升學」、「少讀閒書」的。

然而，
即將長大的孩子需要不一樣的養分，
他們逐漸脫離善惡對立的童話世界，
開始認識人生的矛盾與複雜，
需要能夠觀察、能夠借鏡、能夠模擬的讀物，
他們需要「少年小說」！

確認小說的主題

　　「主題」（theme）是少年小說的要素，作者會透過人物、事件、情節等表現整部小說的「主題」。

　　「確認主題」對閱讀少年小說非常重要，它就像確認主旨一樣，讓讀者對整部小說的中心思想有完整的概念，了解作者到底想藉由小說表達什麼意圖。小說的主題更是帶動人物、事件、情節發展的動力，讀者不僅可以「看熱鬧」，還可以「看出門道」。

　　學者張子樟認為，少年小說的主題無外乎是「啟蒙和成長」，順著這樣的概念，少年小說的主題就呼之欲出了。

　　以《喂，穿裙子的！》為例，書名預告了這是一本涉及女性意識的書籍，因為「穿裙子的」一詞意味著「惡意和輕鄙」（你可以用閩南語念念看），故事從一對姊妹從小就被爸爸叫作「穿裙子的」開始，由此開展出一連串的事件：

書名：喂，穿裙子的！
文：張友漁
出版社：幼獅

故事中，由於父親對女性的歧視態度，使家裡的一對姊妹對於身為女性所遭受到的不公和壓抑，格外富有省察能力。

◎請你選擇三則書中所提到的女性議題，加以整理並提出自己的見解：

涉及女性議題的事件	書中各角色的看法	我的見解
1.父親怨嘆沒有兒子繼承祖業，43歲的母親必須冒險高齡懷孕。	・父親藉由算命得知會生男孩，開心得笑個整晚。 ・母親面對爸爸的期待，即使有一百個不願意，也沒有勇氣說不。 ・姊姊挑釁父親，為什麼女孩不能繼承祖業。 ・妹妹認為現在已經不是農業社會，不需要兒子幫助農事，為什麼還那麼重男輕女？	「繼承祖業」只是父親的說詞，更深層的原因應該是父親無法擺脫「繼承香火」的社會壓力。 因為背負著這股父權主義流傳下來的「責任」，父親無法對沒有子嗣一事釋懷，母親雖然是女性，也無法自外於傳統的觀念，只得繼續當作生產機器，直到生出男孩。

2.		
3.		

◎和同學分組討論，除了書中所提到的女性議題外，你還觀察到社會上有哪些歧視女性或女性刻板印象的現象呢？面對這些問題，你會想怎麼做？

　　很明顯的，女性議題是本書不斷彰顯及討論的主題，作者透過許多事件的描述，企圖引導讀者去想、去思考、去反省。

　　女性議題固然以「男尊女卑」、「男剛女柔」為主軸加以拓展，但要讀者有所自覺並非易事，因為幾千年來的文化教導我們早已習慣這樣的基調，譬如書中「有個女生失蹤了」一章，描述幾起女孩失蹤、被綁、遭殺害的新聞事件，一般預防之道總是要女孩自重：不要交錯朋友、不要夜歸、不要獨自行動、不要穿著暴露……，這樣的建議似乎把大部分的錯誤或犯罪原因歸咎於女性——如果女性如何如何，她就不會發生悲劇。書中的爸爸的確持著這種觀點，姊姊則反嗆父親，提出不同的歸因，妹妹接著思索一連串的問題，似乎在引導讀者要深一層想想。小說的這些安排，正如學者林文寶所言，讓讀者在閱讀的過程中，「與他們心目中理想的人接近，接受經驗豐富者的指點，使他們獲得智慧，並能自在地度過此時期。」

　　不過，本書雖有意圖，但並不武斷的提供標準答案，反

而透過幾個人物的反覆辯證、衝突與矛盾，提供讀者反思的機會。因此上述學習單先讓學生選擇事件，再整理主要角色的觀點，接著陳述自己的意見。希望透過這樣的過程，讓學生不只流連在趣味的對白與情節上，而能有所沉澱與省思。學習單最後並要求學生分組討論，把視角拉到現實社會，觀察還有哪些涉及女性的議題。例如，男廁、女廁一樣多是否公平？冠夫姓合不合理？女生要不要當兵？女性主義就是像刺蝟的男人婆嗎？喜歡當個小女人算不算落伍？……這些都是不錯的討論題目呢！

近年以「品格」為主題的書相當流行，不同於童話的善惡對立，少年小說刻意讓善惡的界限變得模糊，所謂的「品格」，也不只是表面的「遵守德目」，透過少年小說，品格有了更深化的意義。

書名：鍾愛哭真勇敢
文：毛咪
出版社：飛寶

　　這本書在封面就揭櫫主題是品格中的「勇敢」，因此，整本書圍繞著「勇敢」進行情節的推展及主題的演繹。其中有一段情節這樣敘述著：鍾天鳴成績永遠第一，但個子瘦小又愛哭，經常被同學尋開心；林慧潔成績略遜一籌，但富有正義感，常替鍾天鳴仗義執言，不料卻被同學當作話柄嘲笑。鍾天鳴因為飽受欺侮，性情大變，成績一落千丈，林慧潔站上第一名寶座，卻關心起落敗的鍾天鳴究竟發生什麼事，只是沒有勇氣去問，擔心又被同學說閒話……。

　　這段想問又不敢問的歷程，透過故事中的媽媽得到了解決，我們將它設計成學習單：

　　故事裡，慧潔的媽媽教慧潔如何在猶豫不決時，決定做或不做！

◎**請你也用這個方法，挑選一個自己猶豫的事情，分析得越詳細越好！**

　　這件猶豫不決的事情是：＿＿＿＿＿＿＿＿＿＿＿＿＿＿

　　＿＿＿＿＿＿＿＿＿＿＿＿＿＿＿＿＿＿＿＿＿＿＿＿＿＿

　　＿＿＿＿＿＿＿＿＿＿＿＿＿＿＿＿＿＿＿＿＿＿＿＿＿＿

　　＿＿＿＿＿＿＿＿＿＿＿＿＿＿＿＿＿＿＿＿＿＿＿＿＿＿

　　參考事件：

　　□做錯事，要不要向當事人道歉？

　　□撿到財物，要不要設法歸還？

　　□書沒念完，要不要「作個小弊」？

　　□知道同學的祕密，要不要說給別人聽？

　　□其他。

	做	不做
好處		
壞處		

◎根據你分析的結果，你決定做，還是不做？

把你的分析表給師長或父母看，聽聽他們的想法。

（修改自林玫伶著飛寶出版「品格教育——故事閱讀系列」學習單）

　　在心理學上，類似這種想做卻又要付出代價的，叫作「趨避衝突」，會讓人處在徘徊不安的狀態。然而，人在生活中卻又不可避免會碰到各種衝突（「衝突」也是小說布局重要的手段），如何下決定，不但是小說設法解決的問題，也是我們人生無法回避的課題。

　　本書主題是「勇敢」，而我們熟悉的「勇敢」，大部分是「勇敢站出來糾正別人的錯誤」，這個層次當然也不容易；不過更具挑戰的，卻是「勇敢面對自己的軟弱或錯誤」，所謂「知恥近乎勇」，最能詮釋「勇敢」的深層涵意。

　　這份學習單運用書中慧潔母親指導的方法，將難以決定的事情分成四個視窗，列出做與不做的好處和壞處，透過條列式的整理，把原本糾葛成一團的繩結一一排列檢視，要不要做就撥雲見日了。

掌握人物的刻畫

人物，或說是角色，是小說另一個要素。

成功的作品，能夠揣摩人物的心理，確立人物的性格，塑造人物的形象。簡單的說，就是創造人物，並且寫活人物！

小說透過描寫生理、心理及社會特徵，表現語言、動作、表情及行動，刻畫人物的人格特質，這些人物能引導讀者去認同學習，或是關懷同情，或是厭惡反感，對讀者而言，他們彷彿是「替代性經驗」，能刺激讀者進一步思考。

書名：西施
文：樸月
出版社：民生報

　　《西施》是一本歷史小說，描寫的主要人物西施，年代設定於西元前494至473年間，也就是吳越會稽一戰到吳被越國滅亡的二十年間。西施位居中國古代四大美女之首，是美的化身，也是美的代名詞，雖然她只是傳說中的人物，但和西施相關的故事早已被傳誦多時。

　　在這樣的前提下，以西施為主角的歷史小說還能有什麼發揮的空間？

　　歷史小說不是複述前人的故事，也不是把文言文翻譯成白話，最重要的是，歷史小說要有新的詮釋，歷史小說要有作者的觀點。於是，表現在西施這位人物上，西施有了不一樣的風貌！

◎本書對西施的描述是：

類別	書中的描述（注明頁次）
生理特徵 （包括外形、面相、健康、年齡……等）	
心理特徵 （包含性格、專長、興趣、習慣……等）	
社會特徵 （包含身分、職業、貧富……等）	

◎從本書的描述中，可以歸納出：

1.西施的外表_____，身體健康_____，送進吳宮時，年紀可能_____歲。

2.西施的個性_____，跟鄰居相處_____，平時喜歡_____。

3.西施從小住在_____，是一個_____的地方。她的工作是_____，收入可能_____。

◎本書作者筆下的西施，單純、柔弱、無奈且痛苦，和傳統故事中的西施相比，你比較支持哪一種說法？為什麼？

注：傳統故事中的西施是一位愛國女子，國難當頭，她忍辱負重，以身許國，獻給吳王成為最寵愛的妃子，把吳王迷惑得無心國事，眾叛親離，使句踐得以養精蓄銳，整備軍武，一舉復國成功。

這份學習單參考洪文珍教授的人物刻畫分析方法。

關於西施的生理、心理、社會特徵，本書基本上和傳統的說法相差不多，但觀點則有很大的不同。同樣迷惑了吳王，傳統觀點認為西施是隱身鄉野的愛國奇女子，別有居心蠱惑吳王；本書則認為一切迫於無奈，且以西施出身單純，未經世事，年紀又輕（古代女子大概十來歲就出閣了），應非工於心計、心懷叵測之輩。

也因此，在面臨越軍大破吳軍之際，傳統故事中的西施可能額手稱慶，如釋重負；但本書的西施則始終處於三方的矛盾與痛苦中，因為：一方是給她十幾年如一日寵愛的吳王，西施若對他日久生情也是合理；一方是心意相許的未婚夫范蠡，為他飽嘗思念的煎熬；一方則是逼她臨嫁前夕遠離愛人的祖國，只是將她視為一顆棋子。因此，當吳國大敗，夫差自刎之時，西施的內心真的如傳統所言，僅視為愛國任務的完成嗎？本書一改過去以男人本位敘寫的歷史觀點，將西施放在主軸，將一個女子的愛恨情仇描繪得絲絲入扣，合情合理，成功刻畫了西施新的形象。

　　同樣的方法，也可以用來分析書中的句踐、夫差，歸納出來的觀點，將會讓讀者耳目一新，原來在小說中，「好人」、「壞人」的二分法有時是行不通的。例如句踐臥薪嘗膽、忍辱為國，固然是個學習的典範，但他只能同患難，不能共安樂的疑心病，誅殺功臣，過河拆橋，也令人不寒而慄；夫差親近小人，昏庸荒淫，固然活該招來亡國之禍，但他心地柔軟，多情浪漫，似乎又令人不忍苛責。

　　閱讀的樂趣在此橫生，作者將他的觀點成功的調整歷史上的人物形象，讓讀者學習對世事的看法其實不只一種，角度不同，解讀也會不同。如果人云亦云，欠缺獨立思考，那麼很容易跟著搖旗吶喊，失去判斷的能力。

　　小說中的主角固然是全書的焦點，但其他如次要人物、背景人物也有可觀之處。

書名：卡彭老大幫我洗襯衫
文：貞妮佛‧ 邱丹柯
譯：李畹琪
出版社：台灣東方

　　書名《卡彭老大幫我洗襯衫》預告了這是一個和黑幫老大有關的故事。

　　「卡彭」何許人也？他是三〇年代轟動一時的芝加哥黑道大哥，最後被逮捕，關進「惡魔島」，也就是本書主要的場景——阿卡崔茲島。

　　惡魔島上不止關了卡彭，其他重刑犯如機關槍凱利也關在這座島上的監獄，讓惡魔島成為一個充滿神祕、野蠻、懲罰氣息的島。在卡彭被拘禁十幾年的時光中，這個島上還有另一批人，與他共同生活，那就是監獄行政人員的家庭，在此構成了一個特殊氛圍的社會生態。

◎試著分析以下的角色：

姓名	身分	傳統的印象（偏見）	實際的發現
派珮兒	典獄長的女兒	驕縱霸道，頤指氣使。	賺錢的點子很有創意，有時對朋友也會體貼，講義氣。
娜坦莉			
編號105囚犯			
卡彭			
卡彭的母親			

◎說說看，要怎樣才能盡量客觀的評論一個人？

　　故事的主角是一個十二歲的男孩穆思，因為父親失業到惡魔島擔任警衛和水電工，全家包括自閉症的姊姊娜坦莉只好跟著搬來。

　　學校球隊同學對「監獄來的同學」充滿好奇，不停追問有關囚犯的蛛絲馬跡，就算一顆囚犯打出高牆外的棒球也能讓大家為之驚嘆；典獄長的女兒派珮兒利用同學對黑幫分子的好奇，提出「卡彭老大幫你洗衣服」賺錢的念頭；他們視禁忌話題為交換友誼、引起注意的最好禮物，他們藉由探觸殺戮死亡的神祕經驗，滿足既喜歡又怕受傷害的心理。

　　本書跳脫了童話黑白對立、善惡分明的無菌世界，這樣的刻畫人物自然更貼近現實人生。

　　派珮兒以典獄長女兒之尊驕縱霸道，頤指氣使，有時也會流露她體貼講義氣的一面；穆思自閉症的姊姊看似愚笨，生活能力一塌糊塗，有時候還會失控尖叫，但卻擁有凡人所不能及的數學天才程度；編號105的囚犯意外與自閉症小娜單獨接觸，卻讓一向幼稚無助的小娜頓時「像個十六歲的姊姊」；卡彭的媽媽來探視卡彭時，引起島上孩子們的騷動，

卻發現她只是個普通的女人，還會熱心照顧別人哭鬧不休的寶寶，唱歌給寶寶聽。

　　故事的結局出人意表。穆思為了幫父母解決姊姊就學的問題，求助無門，異想天開的寫信給獄中的卡彭（方法當然曲折），希望透過卡彭的影響力讓姊姊能在一直遭拒的學校入學。事情最後真的如願以償，大人們都以為是一場驚喜，只有穆思發現，在他剛洗好的襯衫裡頭夾藏了一張紙條，上面寫著：「成！」

　　這代表什麼？透過這份學習單，我們企圖讓讀者感受評論一個人有多麼不容易，我們容易受傳統的看法影響，偏見讓人我之間充滿不公平的對待！

學習解決問題的能力

　　有人戲稱，小說作家是個自討苦吃的行業，因為他們總是不停的「製造問題」，而且還要自己設法「解決問題」。

　　小說裡充滿了矛盾和衝突，由於認知的誤差，或是理念與觀點的不同，產生一次又一次的衝突，將故事情節推向最高潮。光是這樣還不夠，作者還必須精妙的處理衝突，用合理的方式說服讀者問題最後得到解決。而我們的讀者，一方面在此過程中獲得閱讀的樂趣，另一方面無疑也學習了解決人生課題的能力。

書名：小殺手
文：傑瑞‧史賓尼利
譯：趙永芬
出版社：小魯

　　這本書的背景十分特殊：威瑪小鎮有個奇怪的傳統，每年都會舉辦射鴿大賽，五千隻鴿子由大人們用獵槍一一擊落，優勝者還可以獲得獎盃。有些鴿子被擊落時並未死亡，有的只是受了傷，年滿十歲的小男孩必須負責扭斷受傷鴿子的脖子，以便結束鴿子的痛苦。這些小男孩稱為「小殺手」，是威瑪鎮男孩的光榮，象徵男孩已經長大。

　　唯一不同的是魯波馬，他一點也不希望長大，希望能夠逃避「小殺手」的任務，矛盾的是，他的父親還曾經是射鴿比賽的神槍手！然而魯波馬終究還是長大了，他必須壓抑內心的害怕和疑惑，勉強自己和鎮上的其他同儕一樣「勇

敢」，一樣「長大」。在這過程中，還發生了另一段插曲，魯波馬瞞著所有人飼養了一隻「流浪鴿」，他的愛心和周遭的殺戮氣氛格格不入，他要如何解決所面臨的問題呢？

◎十歲的魯波馬內心並不快樂，他遇到了哪些問題？寫出主要的三個。

1.十歲就要當「小殺手」，可是他並不想折斷鴿子的脖子。

2.害怕自己的想法被別人知道，會遭到大家的嘲笑。

3._____

◎針對上述問題，魯波馬如何解決？

問題	魯波馬的解決方法
1	一開始魯波馬假裝自己跟大家一樣，盡力融入死黨的圈子……
2	
3	

◎如果你是魯波馬，你會怎麼做？你怎麼知道自己做的是對的？說說看。

　　解決問題不是一件簡單的事，童話裡的仙子不會出現，「叮」的一聲把障礙都排除；過程中的醞釀、折衝、妥協、抗爭……，在在反映了人生的現實面。尤其是面對超過半世紀的傳統，所有的人早已習慣，視為理所當然，更別談深刻的反省思考了。魯波馬在這樣的氛圍中，雖然有自我的想法，卻只是隱然模糊；雖然不情願，卻也不得不迎合同儕。最後令他勇氣大增的，竟然是他收養的「流浪鴿」，因為飼養過程中培養出來的愛，讓他體會萬物生命的價值，原本模糊不清的自我，也終於找到定位。

　　這份學習單希望，讀者先分析小說中魯波馬所遇到的問題，繼而整理魯波馬的解決方式。讀者在此會發現問題的解決很難一蹴即成，而且要考慮的因素也不少，在選擇策略的同時，事實上也進行了各種得失評估，這都是學習解決問題的過程。

　　最後，本學習單也希望讀者能提出自己的想法，但提出前必須有所衡量，而非暴虎馮河，顧此失彼，因此學習單最後才會提出：「你怎麼知道自己做的是對的？」希望讀者解

決問題時能學習「謀定而後動」！

另一本充滿解決問題智慧的，是暢銷書《佐賀的超級阿嬤》！

這本書描寫作者昭廣於1958年起和外婆一起生活的歲月，雖然貧苦，卻處處流露出生命的喜樂，這和阿嬤獨特的解決問題方式有關。

書名：佐賀的超級阿嬤
文：島田洋七
譯：陳寶蓮
出版社：先覺

◎昭廣從廣島來到佐賀鄉下的阿嬤家，遇到了一連串的問題，阿嬤是怎麼解決的？請你整理出來。

昭廣遇到的問題		阿嬤的解決方法
功課不好，英語、漢字、歷史都學不好。	→	
三餐不繼，經常肚子餓，還常常餓到半夜醒來。	→	
	→	
	→	

◎分組討論下面問題：

1.阿嬤的方法有什麼優點？她為什麼會這麼做？

2.阿嬤的方法有什麼缺點？說出你的理由。

3.如果是你，你會怎麼做？

4.什麼時候使用阿嬤的方法比較好？

　　所謂「窮則變，變則通」，《佐賀的超級阿嬤》之所以受到廣泛讀者的喜愛，是因為這位阿嬤在最艱難的時代裡，表現出對生命的達觀、對事物的瀟灑，打從內心擺脫物質的羈絆，因而獲得了絕對的心靈自由。細讀本書，會發現她不是「苦中作樂」，而是「樂在苦中」，這是最難能可貴的。

　　這份學習單並不難，讀者可以很輕易的在裡頭發覺阿嬤解決問題的智慧；不過，學習單的後半段則期待讀者能「有所疑，有所不疑」。「不疑」的是阿嬤面對貧窮的豁達，「疑」的則是每一種方法都有其時空背景，解決問題的方法必須因時因地權宜調整。

　　舉例而言，因為貧窮，無條件接受貧窮，其優點是樂天知命，缺點則是不思突破，社會可能難有進步，自我安慰的做法也顯得過於阿Q。在環境艱困時，阿嬤精神給人強而有力的後盾；但在昇平社會，作法必須有所調整，才不會誤解或誤用了阿嬤的生活創意！

獲得知識與資訊

　　閱讀少年小說的過程，常常有一些意外的收穫。本來只是順著情節的鋪陳流轉，本來只是認識人物的萬種風情，但在這過程中，卻往往達到一開始非寫作預期的「知識」功能，這也是學者所謂的少年小說功能之一：獲得資訊。

書名：神啊，祢在嗎？
文：茱蒂‧布倫
譯：周惠玲
出版社：幼獅

　　本書敘述一個十一歲的女孩瑪格麗特煩惱自己的胸部太小、月經遲遲不來，尤其看到同儕有的已經是波霸，她擔心自己「不正常」，渴望趕快變成「女人」，於是偷偷向上帝禱告：「神啊！求求祢……。」

　　對於台灣「五、六年級」以前出生的女孩，也許會覺得本書令人疑惑，因為那時候的女孩對於胸部和月經的話題，都是遮遮掩掩，絕不會登大雅之堂，更遑論同儕之間互相比較，甚至偷偷禱告，期待趕快成為真正的女人。但也不過幾年，單看電視節目，就可以知道胸部、月經、性愛的話題已經登堂入室，連女生也可以侃侃而談，這讓我們不得不佩服作者的遠見，這本書還是她七〇年代的作品呢！

　　這本有關女性成長的小說，除了彰顯女性身體、人際關係和信仰歸屬的課題以外，也間接讓讀者學習到不少「夾帶」的知識。

◎**讀過《神啊，祢在嗎？》，請整理以下重點：**

1.從女孩變成女人，身體上會有哪些變化？

2.心理上會有哪些不同？

3.怎樣正確使用衛生棉？

4.怎樣避孕？

　　誠然少年小說不是教科書，但某些時候它的效果甚至比教科書還要來得好，流暢的故事，人物的認同，會讓我們的讀者潛移默化的吸收書中傳達的知識與資訊。

　　再介紹兩本小說——《又醜又高的莎拉》和它的續集《雲雀》。

　　　　　　書名：又醜又高的莎拉
　　　　　　文：佩特莉霞‧麥拉克倫
　　　　　　譯：林良
　　　　　　出版社：三之三

　　一對住在草原的小孩凱立與安娜，從小失去媽媽，爸爸決定刊登徵婚啟事準備續絃，孩子也希望爸爸能有新太太，同時為自己尋回失去的母愛。

　　來「應徵」的是一位個性獨立、能做會歌的漁家女人，凱立一家人邀請她來「試住」，她自謙自己「又醜又高」，但草原的這家人卻很快的喜歡上她，爭取她能正式留下來成為新媽媽。

　　這對「非富非貴的農夫」和「又醜又高的漁娘」結婚了，婚後的日子寫在續集《雲雀》裡──他們並沒有過著幸福快樂的日子，更多時候，他們要和大自然搏鬥，草原的乾旱，大地的無情，讓莎拉不得不帶著兩個孩子暫別先生，回到娘家──一個有水的地方。

　　小說的結局是圓滿的，在歷經乾旱之後，飽受草原思念召喚的莎拉三人，重回家的懷抱，莎拉並在草原土地上寫下自己的名字，象徵對這塊土地，以及對這家人的認同！

　　欣賞這一家人堅定的愛同時，書中草原如歌的行板也不斷在讀者耳邊環繞。特別是對台灣的讀者來說，不論是凱立

家的草原或是莎拉故鄉的漁村，都有著特殊的風情，能擴大
我們的生活視野。

◎莎拉從緬因州千里迢迢來到草原，凱立和安娜也曾經隨莎拉離開草原住在緬因州。書中對這兩個地方的地理、人文都有十分生動的描述，請你加以比較，將結果寫在下表：

	爸爸的故鄉	莎拉的故鄉
地理環境	廣大的草原	靠海的漁村
環境主要的顏色		
居民主要職業		
常見的動物		
常見的植物		
小朋友的遊戲		
天災		
（自己也想一個）		

◎說說看，為什麼莎拉會想「家」（請說明是指哪個家）？

◎為什麼凱立、安娜也想家？

　　本書對草原和緬因州的描述，有如散文般的優美，讀者若能對此背景有所認識，更能了解作者對「家」的詮釋。這份學習單有助於讀者進行「內部比較」，所有的答案必須在閱讀過程中蒐集，有了整體概念後，不難掌握書中主要人物的心理情緒，同時認識異國的風光，增添了閱讀的附加價值。

本節　　　小叮嚀

　　為青春期的少年提供適切的文學作品，是我們的責任；為這些作品進行有機的導讀，更是我們的期許。

　　少年批判、自主、思考的能力增加，抽象概念的運思也漸漸成熟，較之中低年級的學習單而言，可以忽略形式上的多元變化，把重點放在深度的提問與討論上。

　　由於少年小說已貼近現實人生，答案都需要經過論辯，真理也不見得只有一個，因此學習單設計只是導讀的「第一回合」，更重要的是現場的實際討論，才能激發出智慧的火光，帶領少年自我探索、自我反省，避免淪於各說各話。

　　少年小說要的是感動讀者，在此前提下，方能進行理性的分析。因此導讀者首重閱讀氣氛的醞釀，以及閱讀樂趣的培養，只要讀者有所感動，接下來的引導與學習就能水到渠成了。

國家圖書館出版品預行編目資料

假如要有學習單：學習單設計的原則與實例／
　林玟伶著；蔡靜江圖. --初版. -- 台北市
　　：幼獅, 2008.12
　　　面；　公分. --（新High師生手冊）

　ISBN 978-957-574-719-0（平裝）
　1. 語文教學　2. 課程規劃設計　3. 小學教學

　523.31　　　　　　　　　　　97022483

・新High師生手冊・

假如要有學習單

作　　　者＝林玟伶
繪　　　圖＝蔡靜江
出 版 者＝幼獅文化事業股份有限公司
發 行 人＝李鍾桂
總 經 理＝王華金
總 編 輯＝林碧琪
主　　　編＝韓桂蘭
總 公 司＝10045台北市重慶南路1段66-1號3樓
電　　　話＝(02)2311-2836
傳　　　真＝(02)2311-5368
郵政劃撥＝00033368

印　　　刷＝欣佑彩色製版印刷股份有限公司
定　　　價＝250元
港　　　幣＝83元
初　　　版＝2008.12
三　　　刷＝2020.03
書　　　號＝988134

幼獅樂讀網
http://www.youth.com.tw
e-mail:customer@youth.com.tw
幼獅購物網
http://shopping.youth.com.tw

行政院新聞局核准登記證局版台業字第0143號

幼獅文化公司 ／讀者服務卡／

感謝您購買幼獅公司出版的好書！
為提升服務品質與出版更優質的圖書，敬請撥冗填寫後（免貼郵票）擲寄本公司，或傳真
（傳真電話02-23115368），我們將參考您的意見、分享您的觀點，出版更多的好書。並
不定期提供您相關書訊、活動、特惠專案等。謝謝！

基本資料

姓名： _____ 先生／小姐

婚姻狀況：□已婚 □未婚　職業： □學生 □公教 □上班族 □家管 □其他

出生：民國 _____ 年 _____ 月 _____ 日

電話：（公） _____ （宅） _____ （手機） _____

e-mail： _____

聯絡地址： _____

1.您所購買的書名： **假如要有學習單**

2.您通常以何種方式購書？：□1.書店買書 □2.網路購書 □3.傳真訂購 □4.郵局劃撥
　　（可複選）　　□5.幼獅門市 □6.團體訂購 □7.其他

3.您是否曾買過幼獅其他出版品：□是，□1.圖書 □2.幼獅文藝 □3.幼獅少年
　　　　　　　　　　　　　　　□否

4.您從何處得知本書訊息：□1.師長介紹 □2.朋友介紹 □3.幼獅少年雜誌
　　（可複選）　　□4.幼獅文藝雜誌 □5.報章雜誌書評介紹 _____ 報
　　　　　　　　　□6.DM傳單、海報 □7.書店 □8.廣播( )
　　　　　　　　　□9.電子報、edm □10.其他 _____

5.您喜歡本書的原因：□1.作者 □2.書名 □3.內容 □4.封面設計 □5.其他

6.您不喜歡本書的原因：□1.作者 □2.書名 □3.內容 □4.封面設計 □5.其他

7.您希望得知的出版訊息：□1.青少年讀物 □2.兒童讀物 □3.親子叢書
　　　　　　　　　　　　□4.教師充電系列 □5.其他

8.您覺得本書的價格：□1.偏高 □2.合理 □3.偏低

9.讀完本書後您覺得：□1.很有收穫 □2.有收穫 □3.收穫不多 □4.沒收穫

10.敬請推薦親友，共同加入我們的閱讀計畫，我們將適時寄送相關書訊，以豐富書香與心
　　靈的空間：
(1)姓名 _____ e-mail _____ 電話 _____
(2)姓名 _____ e-mail _____ 電話 _____
(3)姓名 _____ e-mail _____ 電話 _____

11.您對本書或本公司的建議：

10045　台北市重慶南路一段66-1號3樓

幼獅文化事業股份有限公司 收

....

請沿虛線對折寄回

客服專線：02-23112836分機208　　傳真：02-23115368

e-mail：customer@youth.com.tw

幼獅樂讀網http：//www.youth.com.tw